생명정치란 무엇인가

Biopolitik zur Einführung

by Thomas Lemke

Copyright © Junius Verlag GmbH, 2007.

All rights reserved.

Korean translation copyright © Greenbee Publishing Co., 2015.

Korean translation rights arranged with Junius Verlag GmbH through Shinwon Agency.

생명정치란 무엇인가: 푸코에서 생명자본까지 현대 정치의 수수께끼를 밝힌다

발행일 초판1쇄 2015년 10월 30일   초판3쇄 2018년 9월 15일
지은이 토마스 렘케 | **옮긴이** 심성보
펴낸이 유재건 | **펴낸곳** (주)그린비출판사 | **등록번호** 제2017-000094호
주소 서울시 마포구 와우산로180, 4층 | **전화** 02-702-2717 | **이메일** editor@greenbee.co.kr

ISBN 978-89-7682-792-0 93300

이 도서의 국립중앙도서관 출판시도서목록(CIP)은 서지정보유통지원시스템 홈페이지(http://seoji.nl.go.kr)와
국가자료공동목록시스템(http://www.nl.go.kr/kolisnet)에서 이용하실 수 있습니다.(CIP제어번호: CIP2015028056)

생명정치란 무엇인가

푸코에서 생명자본까지 현대 정치의 수수께끼를 밝힌다

토마스 렘케 지음 | 심성보 옮김

프리즘총서 021

용B
그린비

팀에게

영어판 총서 편집자 서문[1]

뉴욕 대학 출판부에서 출간하는 '생명정치' 총서를 기획하면서 우리는 몇 가지 지적이고 실천적인 목표를 염두에 두었다. 첫째, 우리는 새로운 총서 기획이 의학·기술과학technoscience과 인체·생명의 잠재적 상호 교차를 검토하고 촉진하기를 희망했다. 둘째, 우리는 이러한 분야에서 학제 간 연구를 활성화시키기를 바랐는데, 왜냐하면 기술과학과 생체의학biomedicine이 오늘날 '신체 문제'와 밀접하게 얽혀 있어 이러한 문제를 이해하려면 다양한 분석 렌즈——상이하고 중첩되며 심지어는 경쟁하는——가 필요하기 때문이다. 이러한 맥락에서 생명정치 총서는 테크놀로지, 과학, 생체의학, 임상 실천의 측면에서 신체를 설명하는 담

---

1 [옮긴이] 이 책은 독일에서 『생명정치 입문』(*Biopolitik zur Einführung*)이라는 제목으로 2007년 출간되었고, 2011년에는 저자 자신이 개정한 내용을 포함해 『생명정치: 고급 입문』(*Biopolitics: An Advanced Introduction*)이라는 제목으로 뉴욕 대학 출판부에서 출간되었다. 그리고 이 영어판은 뉴욕 대학 출판부의 '생명정치: 21세기의 의학과 기술과학, 건강'(Biopolitics: Medicine, Technoscience, and Health in the 21st Century) 총서에 포함되어 있다. 이번 한국어판에서는 영어판 총서 편집자의 서문과 저자의 영어판 서문도 함께 옮겨 둔다.

론의 장이라 할 수 있다. 셋째, 우리는 기존 전문가들과 신진 학자들이 이 분야의 연구에 보다 많은 관심을 갖기를 원했다. 마지막으로 우리는 경험 연구나 민족지적 작업과 더불어 생명정치에 관한 새로운 이론적 성찰을 제공하고자 했다.

이론적 혁신이라는 목적에서 볼 때, 독일어로 출간된 토마스 렘케의 『생명정치란 무엇인가』를 영어로 옮기게 되어 우리는 매우 기쁘게 생각한다. 물론 생명정치, 통치성governmentality, '생명 그 자체'life itself라는 용어는 이미 다양한 분야에서 널리 통용되는 개념이 되었다. 과학기술학Science and Technology Studies에서 생체의학 연구에 이르기까지, 문화연구에서 안전연구에 이르기까지, 신체/육화embodiment 연구에서 건강과 질병 연구에 이르기까지 빈번하게 이들 용어가 출현하고 있다. 그렇지만 이 용어들과 그 용법에 관한 이론적 논의와 토론은 여전히 미진한 실정이며 그마저도 상당히 초보적인 수준이다. 예를 들어 미셸 푸코와 조르조 아감벤의 개념이 학자들 사이에서 액면 그대로 수용되기 일쑤이다. 그러니까 두 사람의 주장이 그 자체로 자명한 것으로 간주되고, 그들의 작업이 당대의 문제에 변함없이 적용될 수 있다고 생각되는 것이다. 짐작컨대 생명정치의 과정과 제도, 그리고 그것들의 구체적 효과에 관한 연구는 앞으로도 분명히 늘어날 것이다. 따라서 현재의 생명정치를 다루기 위한 이론적 혁신이 요구된다면, 우리가 볼 때 지금이야말로 그 작업에 착수할 최적의 시점이다.

렘케는 이러한 생명정치의 지형을 능수능란하게 안내하고 있다. 그는 사회 이론, 정치 이론, 조직 이론을 전공했으며 유전학과 생식 기술에 관한 사회학 연구에 관심을 갖고 있다. 그는 1996년 독일 프랑크 푸르트에 위치한 요한 볼프강 괴테 대학에서 정치학 박사 학위를 취득했다. 현재는 동 대학 하이젠베르크 사회학 교수로 재직하고 있으며, 또한 사회과학부에서 생명공학과 자연, 사회에 관한 연구에 매진하고 있기도 하다. 그는 1997~2006년에 부퍼탈 대학 사회학과 조교수로 근무했으며, 런던 골드스미스 대학(2001년) 및 뉴욕 대학(2003년)에서 방문 교수로 머물기도 했다. 렘케는 다작의 학자로서 『푸코 연구』*Foucault Studies*의 편집 위원으로 활약했고, 최근에는 『구별: 스칸디나비아 사회 이론지』*Distinktion: Scandinavian Journal of Social Theory*의 편집자를 담당하고 있다. 그는 통치성, 리스크, 생명정치, 사회 이론, 유전자 기술, 건강과 질병에 관한 영역에서 수많은 논문을 발표해 왔다.

이 책에서 렘케는 생명정치 개념에 대한 최초의 학문적 소개를 시도하고 있다. 이 책은 렘케 자신의 표현대로 "포괄적인 경향"을 제시하는 것에 불과할지도 모른다. 하지만 이러한 방향을 제시함으로써 이 책은 생명정치라는 개념을 역사적으로 개괄하는 동시에 이 개념이 오늘날 이론적 대화와 논쟁에서 얼마나 유효한지 검토하고자 한다. 이런 시도와 더불어 렘케는 자신의 기획을 매우 성찰적으로 바라본다. 스스로 인정하듯이 이러한 "체계적인 개관"은 저자의 이론적 입장을 반드시 반영한다는 것이다. 그는 자신의 작업이 사회적 개념으로서 생명정치에 관한 중립적인 역사 서술이 아니라, 그 자체로 이론적인 개입이라고 주장한다. 따라서 이 책은 이론의 역사를 처음부터 끝까지 정리하는 것이 아니라, 생명정치에 관한 유동적이고 경쟁적인 지식 영역에 전략적인 지적 개입을 시도하는 것이다. '생명정치'라는 동일한 타이틀이 붙어 있는 우리 총서와 마찬가지로, 이 책은 현재 만들어지고 있는 지식에 관한 책인 동시에 만들어지고 있는 지식이다. 그렇기 때문에 이 책은 다음과 같은 질문을 둘러싼 현재진행형 논쟁에 깊숙이 개입한다. 생명정치란 무엇인가? 생명정치는 이른바 생명Life과 어떤 관계를 가지는가? 나아가 우리는 이곳에서 어디로 가게 될 것인가?

이 책에서 제시되고 있는 렘케의 아이디어는 폭넓게 적용될 수 있다. 그는 미셸 푸코, 조르조 아감벤, 안토니오 네그리, 마이클 하트, 아그네스 헬러, 페렌츠 페헤르, 앤서니 기든스, 디디에 파생, 폴 래비노, 니컬러스 로즈 같은 논자를 해석할 새로운 관점을 제공해 준다. 물론 자신의 작업을 예증하기 위해 지리적으로 특수한 사례—예컨대 제2차 세계대전 기간에 독일에서 전개된 논쟁 같은—를 끌어오기는 하지만, 그렇다고 해서 그의 주장이 독일에만 국한되지는 않는다. 이는 제2차 세계대전이 일국에 한정되지 않았던 것과 마찬가지다. 이 책의 마지막 장은 생명정치에서 몇 가지 '간과되고 있는 분야'를 다루고 있다. 예를 들어 루돌프 골트샤이트의 작업, 바이탈정치, 시카고 학파의 인적 자본 이론, 생명경제학 등을 검토한다. 당연한 말이지만 렘케의 개관이 완벽하지도 않을뿐더러 그가 이를 의도하는 것도 아니다. 반대로 이 책은 생명정치에 관한 대화를 활발히 유도하고 새로운 연구를 촉진하려고 한다. 이 책은 여성주의 생명정치 같은 일부 개념과 논자를 빠뜨리고 있지만, 이를 고의적인 누락으로 해석할 필요는 없을 것이다. 오히려 이는 다른 학자들이 앞으로 이 분야에 파고들어 성과를 내주기를 바라는 요청으로 간주해야 한다.

간단히 정리하면 토마스 렘케는 『생명정치란 무엇인가』를 통해 다양한 학자와 단호히 대결하고 있으며, 생명정치와 관련된 개념과 사상, 이론가, 원자료를 충실히 엮어 한 권의 책으로 훌륭하게 묶어 내고 있다. 그는 이와 같이 지속적으로 팽창하고 있는 지식 영역에서 누가 누구이고 뭐가 뭔지를 알려 주고 있다. 우리는 이 책이 독자들에게 널리 수용되기를 바라며, 여러 학자가 이를 발판으로 진일보한 분석으로 나아가기를 희망한다.

총서 편집자
모니카 J. 캐스퍼
리사 진 무어

영어판 저자 서문

이 책은 특수한 역사적 국면에 저술되었다. 본 저작은 이번 세기에 접어들어 목도할 수 있었던 몇 가지 중대한 사회적·정치적 사건을 고려하고 있다. 지난 10년 동안 9/11 이후 테러와의 전쟁이 추진되고 신자유주의가 승리했다. 생체의학과 생명공학에서는 줄기세포 연구와 같은 혁신이 일어나고 인간게놈 프로젝트가 진척되었다. 미국 안팎의 식자들은 이런 다양한 이슈를 생명정치라는 개념을 통해 성찰해 왔다. 이러한 논쟁에서 생명정치 개념은 대체로 생명의 생산 및 보호가 죽음의 확산과 어떻게 접합되는지 분석할 때 해석의 열쇠로 등장했다. 다시 말해 생명정치 개념을 통해 우리는 (예컨대 관타나모와 아부그라이브 수용소에서처럼) 인간을 '벌거벗은 생명'으로 축소하는 것이 인간의 역량과 수명을 최적화하고 증진하는 전략과 어떻게 연결되는지 설명해 왔다.

일련의 중요한 정치적 이슈와 이론적 질문이 생명정치 개념을 통해 설명되어 왔지만, 정작 이 개념은 일관된 방식이 아니라 심지어 모순적인 방식으로 사용된다. 하지만 생명정치에 관한 논쟁이 증대하고 생명정치 현상이 부각되고 있다는 사실은 이 용어가 당대의 본질적인 무언가를 포착하고 있음을 시사해 준다. 그렇지만 아직까지 사회 이론과 철학은 생명정치가 내포한 구체적인 함의를 검토하려고 시도하지 않았다. 겉으로 보기에는 생명정치가 어느 곳에나 존재하는 것 같지만, 사실은 어느 누구도 이 논쟁에 관여하고 있는 갖가지 이론적 입장을 맥락화하거나 그런 입장들과 대결하지 않았다. 나는 이러한 상황에 맞서려면 생명정치 개념의 역사를 체계적으로 개괄할 필요가 있고, 나아가 오늘날 이론적 논쟁에서 이 개념이 얼마나 타당한지 검토할 필요가 있다고 판단했다.

이러한 지적 실험을 통해 나온 결과물이 2007년 독일에서 처음 출간된 『생명정치 입문』*Biopolitik zur Einführung*이었다. 영어판은 이 독일어판을 번역한 것이지만 몇 가지 결정적인 변화가 있다. 여기서는 이를 언급하려고 한다. 첫째, 나는 제목을 『생명정치: 고급 입문』*Biopolitics: An Advanced Introduction*으로 바꾸었다. 익명의 논평자 한 분이 적절하게 지적한 대로, 이미 생명정치 개념에 익숙한 독자라면 원제목 '생명정치 입문'을 보고 별다른 매력을 느끼지 못할 것이다. 실제로 이 책은 단순한 입문을 넘어서며, 생명정치 개념의 역사적 차원을 밝히고 상이한 개념적 접근을 체계적으로 구별하고 있다. 둘째, 나는 독일어판을 그대로 옮기지 않고 갱신과 수정을 가했다. 영어판에서는 약간의 교정과 수정이 필요하기도 했고, 관련 주제를 다루고 있는 지난 2년간의 발표 문헌을 반영하기도 했다. 또한 미국 독자들이 이해하기 쉽도록 많은 사람에게 생소한 독일 학계의 논쟁을 가급적 언급하지 않으려 했으며 영어 문헌을 많이 포함하려 노력했다.

이 자리를 빌려 영어판이 나올 수 있게 도와준 분들께 감사를 표하고 싶다. 그 중에서도 에릭 프레더릭 트럼프, 케빈 홀, 제라드 홀든에게 고마움을 전한다. 트럼프는 (비영어권 문헌을 인용한 번역문을 보내곤 했을 때) 번역을 도맡아 주었으며, 홀과 홀든은 수정한 원고를 자세히 읽고 논평해 주었다. 이들 덕분에 책의 질이 몰라보게 높아질 수 있었다.

분명히 이 책은 영어권 독자들, 특히 학자들과 학생들에게 많은 흥미를 유발할 것이다. 사회학·정치학·문화연구·인류학·문학·법학·철학 등 전공에 관계없이 이 책을 접한 독자라면 누구든 정교한 학제 간 분업을 넘나들게 만드는 문제와 씨름하게 될 것이다. 나아가 이 책은 더 넓은 범위의 독자들, 즉 미셸 푸코, 조르조 아감벤, 마이클 하트, 안토니오 네그리 같은 저자들의 정치적 중요성을 벌써부터 깨닫고 탐구하던 사람들에게도 매력적으로 다가갈 것이다. 마찬가지로 이 책은 생명공학과 생체의학에 내포된 사회적·정치적 함의를 고민하는 사람들에게도 유용할 것이다. 개인적으로는 이 짤막한 책이, 당면한 정치적 이슈에 개입하는 역사적·이론적 지식을 제공함으로써, 종국에는 생명정치 시대에 정치란 무엇인지를 밝혀냄으로써, 오늘날 생명정치를 둘러싸고 활발히 전개 중인 논쟁에 기여하기를 바란다.

토마스 렘케
프랑크푸르트
2010년 2월 12일

들어가며

생명정치biopolitics 개념은 최근 들어 유행어가 되었다. 몇 년 전만 해도 일부 전문가만 이 용어를 알고 있었지만 요즘은 매우 다양한 학문과 담론에서 이 표현을 사용하고 있다. 또한 이 개념은 협소한 전문 영역을 넘어 점차 일반 대중의 관심도 끌고 있다. 이 용어는 에이즈 예방과 인구 변화 문제뿐 아니라 정치적 망명 정책을 논할 때도 사용되고 있다. 그 외에도 생명정치는 농산물에 재정을 지원하는 문제, 의학 연구를 촉진하는 문제, 낙태를 법으로 규제하는 문제, 생명 연장 조치를 환자들이 사전에 결정하는 문제 등 다양한 이슈에 관련된다.[1]

생명정치의 경험적 대상과 규범적 평가를 놓고 일련의 다양하지만 [겉으로는] 모순적인 견해가 공존한다. 어떤 이들은 '생명정치'가 합리적 의사 결정과 사회적 삶의 민주적 조직에 반드시 연결된다고 단언하지만, 다른 이들은 이 용어를 [반민주적인] 우생학 및 인종주의와 결부

---

1 Renata Brandimarte, Patricia Chiantera-Stutte, Pierangelo Di Vittorio, Ottavio Marzocca, Onofrio Romano, Andrea Russo, Anna Simone eds., *Lessico di biopolitica*, Rome: Manifestolibri, 2006의 기고문들을 참조하라.

시킨다. 말하자면 구우익의 텍스트들이 이 용어를 선호하는 만큼이나 신좌파의 대표자들도 그에 못지않다. 생명공학 발전을 비판하는 쪽과 옹호하는 쪽, 헌신적인 맑스주의자와 노골적인 인종주의자 양쪽 모두 이 용어를 사용한다. [경험적 대상과 규범적 평가에 이어] 견해가 충돌하는 세번째 지점은 역사적 규정과 구분에 관한 것이다. 생명정치는 고대까지, 심지어 농경이 시작되던 시대까지 거슬러 올라가는가? 아니면 새로운 시대의 개막을 알리는 오늘날 생명공학 혁신이 낳은 산물인가?

분명히 사람들은 생명정치라는 표현을 언급할 때 복수의 상이한 함의를 떠올리게 된다. 이 단어가 문자적으로는 뜻하는 바가 명확하기 때문에 이는 놀랄 만한 일이다. 생명정치라는 용어는 생명life(그리스어로는 비오스bíos)을 다루는 정치를 뜻한다. 하지만 바로 여기서 문제가 발생한다. ("삶을 다루지 않는 정치가 어디 있어?"라는 식으로) 어떤 이들이 사소한 사실로 치부하는 것이 다른 이들에게는 명백한 배제 기준으로 다가온다. 후자의 입장에서 정치는 생물학적 생명을 넘어선 그 무엇을 가리킨다. 이러한 관점에서 '생명정치'는 모순 어법, 즉 모순적인 두 용어의 결합으로 간주되어야 한다. 이러한 입장을 옹호하는 사람에게 고전적 의미의 정치는 공동의 행동과 의사 결정에 관한 것이다. 보다 정확히 정치는 육체적 경험과 생물학적 사실이라는 필연성을 초월해 인간의 상호작용과 자유의 영역을 열어젖히는 것이다.

이 책은 생명정치라는 주제를 다루는 포괄적인 경향을 제시함으로써 위와 같은 논쟁을 명료히 하고자 한다. 이 주제를 다룬 입문서가 없었기 때문에 이 책은 기존의 선행 연구나 확고한 정전正典에 의존할 수 없었다. 게다가 생명정치는 통상적인 학문적 경계를 넘나들 뿐 아니라 전통적인 학문적·지적 분업의 경계를 허무는 이론적이고 경험적인 영역을 개척한다. 따라서 이 개론서의 목적은 두 가지이다. 하나는 생명정치 개념의 역사를 체계적으로 개괄하는 것이고, 다른 하나는 생명정치 개념이 오늘날 이론적 논쟁에서 얼마나 중요한지를 검토하는 것이다.

혹시 모를 오해를 미연에 방지하기 위해 분명히 밝혀 두자면, 이 책의 목표는 '생명정치'의 다양한 역사적·현대적 의미를 중립적으로 설명하거나 객관적으로 묘사하는 것이 아니다. 실제로 생명정치를 규정하고 그 의미를 밝히는 작업은 연구의 보편 논리를 추구하는 가치중립적 활동이 아니다. 오히려 그러한 조사 작업은 변화와 갈등을 일으키는 어떤 이론적이고 정치적인 영역의 불가결한 일부이다. 만일 '생명정치'라고 불리는 과정과 구조, 합리성과 테크놀로지, 역사적 사건epoch과 시대에 대한 질문이 제기된다면, 그 답은 그것이 무엇이든 간에 언제나 이미 선택적 관점의 산물일 수밖에 없다. 이러한 측면에서 생명정치에 관한 각각의 규정은 경쟁하는 견해의 맹점과 약점을 노리고 자신의 분석적이고 비판적인 칼날profile을 다듬어야 한다.

나는 생명과 정치를 결합해서 생명정치라는 표현을 만들 때 실질적으로 발생하는 양극화에서 출발할 것이다. 현존하는 해석들은 생명정치라는 단어에서 강조하는 부분['생명'이나 '정치']에 따라 의견을 달리한다. 우선 자연주의naturalistic 견해와 정치주의politicist 관점을 구별할 수 있는데, 자연주의는 생명을 정치의 토대로 삼는 반면에 정치주의는 생명 과정을 정치의 대상으로 간주한다.[2] 1장에서 언급하겠지만 자연주의 견해는 다양하고 이질적인 이론들로 이루어져 있다. 이러한 이론들은 20세기 초 수십 년 동안 유행한 유기체주의 국가관에서 시작해 나치 시대 인종주의 논법을 거쳐 현대 정치학의 생물학주의 개념으로 이어지는 광범위한 영역에 걸쳐 있다. 이에 반해 정치주의 입장은 생명정치를 실천의 영역 혹은 정치의 하위 영역으로 간주하는데, 이에 따르면 생명정치의 목적은 생명 과정의 조절과 조종이 된다. 1960년대 이후 정치주의 해석은 기본적으로 두 가지 상이한 형태를 취했다. 첫번째 형태는 생태학적 생명정치인데, 이는 보수적이고 방어적인 목표를 추구하며 정치를 자연환경의 보존과 보호에 결합하고자 한다. 두번째 형태는 생명정치에 대한 기술주의 판본인데, 이 입장을 옹호하는 이들은 보존과 보호보다는 역동적인 개발과 생산주의적 성장에 관심을 기울인다. 이들이 규정하는 새로운 정치 영역은 의학과 과학 지식이 발전하고 생명공학 기술이 이를 응용하면서 출현한다. 이러한 해석은 오늘날 엄청난 인기를 구가하고 있으며, 정치 논쟁과 미디어 토론에서 생명공학 혁신의 사회적·정치적 중요성과 잠재력을 묘사하기 위해 빈번히 인용되고 있다. 2장에서 나는 정치주의 담론과 관련된 다양한 차원을 언급할 것이다.

이 책의 핵심적인 주장은 두 가지 해석 노선 모두 생명정치 과정

---

2 여기서 '정치주의'(politicism)란 정치 영역을 자기 충족적이고 자기 재생산적인 통일체로 보는 관념을 말한다. 정치주의는 정치적인 것(the political)의 자율성을 과장하는 경향이 있다. 다음을 참조하라. Bob Jessop, *Nicos Poulantzas: Marxist Theory and Political Strategy*, New York: St. Martin's, 1985[『풀란차스를 읽자』, 안숙영·오덕근 옮김, 백의, 1996].

에 관한 본질적 차원을 놓치고 있다는 것이다. 명시적인 차이에도 불구하고 정치주의와 자연주의 입장은 몇 가지 기본 전제를 공유하고 있다. 두 견해 모두 생명과 정치 사이에 안정적인 위계가 존재하고 두 영역이 외적인 관계를 맺는다는 생각에 기초하고 있는 것이다. 자연주의를 옹호하는 사람들은 생명이 정치 '아래에' 존재하며 정치적 논리와 행위를 총괄한다고 설명한다. 반대로 정치주의 견해는 정치가 생명 과정biology '위에' 존재한다고 간주하며, 여기서 정치란 '순전한' 생명 과정보다 우월한 무엇, 즉 자연적 존재의 필연적 한계를 넘어서는 것이다. 그러나 양쪽의 근본 입장은 모두 의미론적 장에서 생명과 정치 가운데 한쪽 항을 고정한 다음에야 비로소 다른 항의 변화를 설명할 수 있다. 무슨 말이냐 하면, 생명 과정이 정치를 설명하거나 반대로 정치가 생명 과정을 규제해야 한다는 것이다. 하지만 이는 두 견해 모두 '생명'과 '정치'의 경계가 불안정하고 취약함을 설명하지 못한다는 것을 뜻한다. 오히려 바로 이렇게 경계가 불안정하기 때문에 많은 사람이 생명정치 개념을 폭넓게 활용할 수 있었다. 두 노선은 '생명'과 '정치'를 별개의 현상으로 간주하기 때문에 결국 둘 사이에 존재하는 관계성과 역사성을 해명하지 못한다. 생명정치 개념의 출현은 다음과 같은 이중의 부정을 암시한다.[3] 첫째, 자연주의 입장과 달리 생명은 안정적인 존재론적·규범적 준거점이 아니다. 생명공학 혁신의 충격이 보여 주듯이 생명 과정

---

3 Jean-Luc Nancy, "Note sur le terme 'biopolitique'", *La création du monde ou la mondialisation*, Paris: Gallilée, 2002 참조.

은 점점 더 변형되고 통제되고 있다. 이는 인간의 조작을 벗어난 순수한 자연이라는 관념을 쓸모 없게 만든다. 결과적으로 자연은 자연-사회라는 조합의 한 항으로 간주될 수 있을 뿐이다. 둘째, 이와 함께 생명정치는 정치 자체를 심대하게 변형한다. 생명[과정]은 정치의 단순한 대상도 아니고, 정치적 의사 결정과 무관하지도 않다. 그뿐 아니라 생명[과정]은 정치의 핵심이라 할 수 있는 정치적 주체에 영향을 미친다. 생명정치는 주권 의지의 표현이 아니며, 인구 수준의 생명 과정을 관리하고 조절하려 한다. 생명정치는 법적 주체보다는 살아 있는 존재living being에 관심을 가진다. 보다 정확히 말해 생명정치가 다루는 대상은 법적 주체일 뿐 아니라 그와 동시에 살아 있는 생명이기도 하다.

나는 자연주의와 정치주의의 해석에 맞서 관계적이고 역사적인 생명정치 개념을 제시할 것이다. 이러한 개념은 프랑스의 철학자이자 역사학자인 미셸 푸코가 처음으로 발전시켰다. 그에 따르면 생명은 정치의 토대도 아니고 대상도 아니다. 대신에 생명은 정치의 경계를 나타낸다. 정치가 준수하면서도 동시에 극복해야 하는 경계 말이다. 이러한 경계는 자연적이고 주어져 있는 것처럼 보이지만 또한 동시에 인공적이고 변형 가능하다고 여겨진다. 푸코의 작업에서 '생명정치'는 정치적 질서에서 나타난 하나의 단절을 가리킨다. 말하자면 "인간의 생명에 고유한 현상들이 지식과 권력의 질서에, 즉 정치 테크닉의 영역에 등장하기 시작한다".[4] 그의 생명정치 개념은 생명[현상]이 그것의 구체적인 육체적 담지자에게서 분리되어 추상화되는 사태를 상정하고 있다. 생명정치의 대상은 개별 인간이 아니며, 인구 수준에서 측정되고 합산되는 인간의 생물학적 속성이다. 이런 방식을 거쳐 규범norm이 규정되고 표준이 설정되며 평균값이 정해질 수 있게 된다. 이에 따라 '생명' 자체가 독립적이고 객관적이며 측정 가능한 요인이 되었으며, 그와 함께 구체적인 살아 있는 존재에게서 인식론적·실천적으로 떨어져 나올 수 있고 개인의 고유한 경험에서 분리될 수 있는 집합적 실재가 되었다.

이러한 관점에서 보면 생명정치 개념은 특정한 정치적 지식의 등장뿐 아니라, 통계학·인구학·전염병학·생물학 같은 새로운 학문의 출현과도 관련된다. 이러한 학문들은 인구 수준에서 생명 과정을 분석할 수 있게 해주고, 나아가 교정·배제·규범화·규율·치료·최적화의 실천을 통해 개인과 집단을 '통치'할 수 있게 만든다. 푸코가 강조하듯 살아 있는 존재를 통치한다는 맥락에서 볼 때 자연은 통치 행위가 준수해야 하는 자율적 영역이 아니다. 오히려 자연은 통치 실천 자체에 의존하고 있다. 다시 말해 자연은 통치 실천이 적용되는 물질적 기체基體가 아니라 통치 실천의 영원한 상관물이다. 이 과정에서 '인구'라는 양가적인 정치적 형상이 결정적인 역할을 수행한다. 한편으로 인구는 [자연적인] 집합적 실재를 가리킨다. 이 집합적 실재는 정치적 개입에 좌우되지 않으며, 고유한 동학과 자기 조절 양식을 특징으로 가진다. 다른 한편으로 인구의 이러한 자율성은 정치적 개입의 절대적 한계점이 아니라 특권적인 참조점이다. 그러나 인구를 감독하고 관리하기 위해서는 그것

---

4 Michel Foucault, *The History of Sexuality, Vol. 1: An Introduction*, New York: Vintage Books, 1980, pp. 141~142[『성의 역사 1권: 지식의 의지』, 이규현 옮김, 나남출판, 2010, 161쪽].

의 전제 조건, 즉 인구의 '본질'이 우선적으로 발견되어야 한다(예를 들어 출생률·사망률·유병률 등). 그러고 나서 비로소 특정한 조치와 수단이 인구에 영향을 미칠 수 있다. 3장에서는 푸코의 작업에 나타나는 생명정치 개념의 여러 차원을 검토한다. 그리고 이어지는 장들에서는 푸코의 생명정치 개념을 수용하고 수정한 다양한 방식을 제시할 것이다.

푸코의 생명정치 개념을 재구성하는 데 분명히 조르조 아감벤의 작업이 큰 영향을 미쳤고 마이클 하트와 안토니오 네그리의 작업도 결정적으로 중요했다. 각자의 입장에서 이들의 이론은 [생명과 정치 사이의 영역적이고 역사적인] 경계를 구분하고 범위를 설정하는 것에 전략적 역할을 부여한다. 아감벤에 따르면 고대 이후 서양 정치사를 형성해 온 기초는 생물학적 기능으로 축소된 삶의 형태인 '벌거벗은 생명'을 정치적 삶에서 분리하는 일이었다. 그는 주권권력의 구성은 생명정치적 신체의 생산을 요구하고 법률의 제도화는 '벌거벗은 생명'의 노출과 반드시 연결된다고 주장한다. 다른 한편으로 하트와 네그리는 새로운 자본주의 단계의 특징이 경제와 정치, 즉 생산과 재생산의 경계 소멸이라고 진단한다. 아감벤은 근대 생명정치가 전근대 주권권력에 깊이 뿌리내리고 있음을 간과했다며 푸코를 비판하지만, 반대로 하트와 네그리는 근대 생명정치가 탈근대 생명정치로 변형되었다는 사실을 푸코가 인식하지 못했다고 평가한다. 나는 4장에서 아감벤이 생명정치 논쟁에 기여한 바를 다루고, 5장에서는 하트와 네그리를 분석할 것이다.

이후 여러 장에서는 푸코의 생명정치 작업을 수용한 두 가지 주요 노선을 검토한다. 첫번째 노선은 정치의 양식에 초점을 맞추는데, 여기서 중요한 것은 생명정치가 정치적 주장articulation과 대표representation 의 '고전적 형태'와 어떻게 역사적·분석적으로 구별되는지에 있다. 6장 은 아그네스 헬러와 페렌츠 페헤르의 연구를 집중적으로 다룰 것이다. 이들은 생명정치적 이슈가 점차 중요해짐에 따라 결국 정치가 쇠퇴해 버리는 현상에 주목하고 있다. 다음으로 나는 (명시적으로 푸코를 언급 하지는 않지만) 앤서니 기든스의 생활정치life politics 개념을 검토하고, 이와 함께 디디에 파생의 생명정당성biolégitimité 개념을 다룰 것이다.

두번째 사유 노선은 **생명의 본질**에 초점을 맞춘다. 이 노선에 따 라 작업하는 학자들은 생명공학이 확장시킨 생명 과정 및 인간 육체 에 대한 접근이 생명정치적 개입의 토대와 수단, 목표를 어떻게 변형 했는지를 조사한다. 7장에서는 이들 학자가 수행한 작업을 보다 자세 히 검토할 것이다. 여기서 나는 분자정치molecular politics, 죽음정치 thanatopolitics, 인류정치anthropolitics라는 견해를 다룰 것이며, 또한 '생 명사회성'biosociality(폴 래비노)과 '에토스정치'ethopolitics(니컬러스 로 즈) 개념을 검토할 것이다.

8장은 생명정치가 도외시한 영역을 다루는데, 생명정치가 생명 의 경제화와 분리될 수 없다고 보는 이론적 개념들을 검토한다. 여기서 다루는 접근은 20세기 초 오스트리아의 사회학자이자 사회 이론가인 루돌프 골트샤이트가 고안한 개념인 '인간의 경제'Menschenökonomie 를 포함한다. 이 개념은 한편으로 제2차 세계대전 이후 독일의 자유 주의자들이 확산시킨 '바이탈정치'vital politics 개념으로 계승되고, 다 른 한편으로는 시카고 학파가 개발한 인적 자본 이론으로 이어진다. 8

장 마지막 절에서는 오늘날 정치적 실행 계획에 존재하는 '생명경제' bioeconomy의 비전을 살펴보고, 생명공학 혁신과 자본주의 변형의 관계를 비판적으로 평가하는 최근의 경험 연구 일부를 조명한다. 9장에서는 생명정치에 관한 푸코주의 개념의 다양한 개량과 수정을 '생명정치 분석학'analytics of biopolitics으로 통합할 것이다. 나는 이러한 연구 관점이 이론적으로 얼마나 중요한지 증명하고자 할 것이며, 마지막으로 이러한 분석틀이 생명윤리 담론과는 어떻게 다른지 보여 줄 것이다.

위와 같이 때로는 매우 이질적인 여러 장이 하나로 묶여 생명정치 영역에 관한 (포괄적이고 생생한 설명이라는 점에서) '살아 있는' 입문서가 되었다면, 이는 수많은 독자와 동료가 건설적인 제안과 논평을 해주었기 때문이다. 마르틴 자르, 울리히 브뢰클링, 로빈 셀리케이츠, 수잔 크라스만, 볼프강 멘츠, 페터 벨링, 카롤린 프라셀, 하이디 슈미츠는 결정적인 아이디어를 제시해 주고 유익한 비판을 해주었다. 나는 이들의 제안과 비판을 기꺼운 마음으로 수용했다. 또한 이나 발터는 기술적인 원고 작업을 도와주었고, 슈테펜 헤르만은 원고를 꼼꼼히 읽고 교정해 주었다. 프랑크푸르트 사회조사연구소에서 진행된 건설적인 토론은 내 주장을 가다듬을 기회를 제공해 주었다. 마지막으로 독일연구재단에 감사를 전하고 싶다. 하이젠베르크 기금이 없었다면 집필에 상당한 애로가 있었을 것이다.

| 차례 |

| 일러두기 |

1 이 책은 Thomas Lemke, *Biopolitik zur Einführung*(Hamburg: Junius Verlag GmbH, 2007)을 옮긴 것이다. 2011년에는 저자 자신이 수정·보완한 영어판이 *Biopolitics: An Advanced Introduction*(New York: New York University Press)으로 출간되었고, 한국어판은 이 영어판을 번역 대본으로 삼았다.

2 본문의 주석은 모두 각주로 표시했으며, 옮긴이 주로 따로 구분해 주었다. 본문 내용 중 옮긴이가 추가한 내용은 대괄호([ ])로 묶어 표시했고, 본문과 각주의 인용문에서 지은이가 추가한 내용은 해당 부분 끝에 '—렘케'라고 표시해 옮긴이 첨언과 구분해 주었다.

3 원서에서 이탤릭체로 강조한 표현은 고딕체로 표시했다.

4 단행본·정기간행물 등에는 겹낫표(『 』)를, 논문·보고서 등에는 낫표(「 」)를 사용했다.

5 각주에 나오는 해외 문헌 중 한국어 번역본이 있는 것들은 한국어판 서지 사항 및 해당 쪽수를 적어 주었다.

6 외국 인명·지명은 2002년에 국립국어원에서 펴낸 '외래어 표기법'에 따라 표기했다.

푸코의 생명정치 개념은 생명 과정을 정치의 토대로 보는 견해에 반대할 뿐만 아니라, 생명을 정치의 대상으로 보는 이론과도 비판적 거리를 유지한다. 생명정치는 정치의 확장에 기여하는 것이 아니라 오히려 정치의 핵심을 변형한다. 그것이 정치적 주권에 관한 개념들을 재구성해 새로운 종류의 정치적 지식에 종속시키기 때문이다.

1장

정치의 토대로서 생명

1. 국가생물학: 유기체주의 개념에서 인종주의 개념으로

요즘은 생명정치라는 개념이 친숙하지만, 이 개념이 근 100년에 이르는 역사를 갖고 있다는 사실은 잘 알려져 있지 않은 것 같다. 처음에 이 개념은 하나의 일반적인 역사적·이론적 배치의 일부로 등장했다. 19세기 후반에 생철학Lebensphilosophie은 이미 독립적인 철학적 경향으로 부상했다. 생철학의 창시자는 독일의 아르투어 쇼펜하우어와 프리드리히 니체, 프랑스의 앙리 베르그송이다. 각각의 생철학자는 매우 상이한 이론적 입장을 견지했지만, 공통적으로 '생명'의 가치를 재평가하고 생명을 건강함·선함·진실함에 관한 근본적 범주와 규범적 기준으로 채택했다. 생명은 육체적인 사실이나 유기적인 존재로, 본능·직관·감정 혹은 '체험'Erlebnis으로 이해되었다. 생명은 '죽은' 것과 '석화된' 것에 대립하는 것으로 여겨졌는데, 이것들을 대표하는 것이 '추상적' 개념, '차가운' 논리, 무감각한 '정신'이었다. 생명 개념은 합리화·문명화·기계화·기술화 과정처럼 생명에 대립한다고 간주된 과정을 비판적으로 검토하는 기준으로 기능했다.

생명정치라는 개념은 이러한 지적 배경에서 20세기 초에 출현했다. 스웨덴의 정치학자 요한 루돌프 셸렌[1]은 이 개념을 사용한 최초의 인물 중 하나이다.[2] 1922년 사망할 때까지 웁살라 대학 교수로 재직했던 셸렌은 유기체주의적 국가 개념을 제창했고 국가를 "개인을 초월한 생명체"로 간주했다. "이 생명체는 개인만큼이나 실재하는 것이며, 그 발전 도상에서 비대할 정도로 성장하고 점점 더 강력해진다."[3] 셸렌에 따르면 국가다움statehood의 자연적 형태가 국민국가nation-state이며, 이는 국가의 "민족적ethnic 개체성"을 표현한다.[4] 그가 보기에 "생명 형태로서 국가"의 궁극적 특징은 여러 계급과 집단이 표명하는 이해관계와 관념을 둘러싸고 벌어지는 사회적 투쟁이다. 이러한 확신과 함께 셸렌은 생명정치라는 개념을 도입한다. "이러한 갈등이 생명 자체에 전형적이라는 점에서……나는 생물학이라는 특수한 과학을 본떠 이 학문을 생명정치학이라 부르고자 한다.……사람들은 사회 집단들 간의 내전에서 생존과 성장을 향한 가차 없는 생명 투쟁을 분명하게 발견하며,

---

1 [옮긴이] 요한 루돌프 셸렌(Johan Rudolf Kjellén, 1864~1922)은 스웨덴의 지정학자이다. 정치 현상과 지리적 조건의 관계를 연구해 『생명 형태로서 국가』(Staten som Livsform, 1916)를 저술했으며 지정학(Geopolitik)이라는 용어를 처음으로 사용했다. 그는 영토 외에도 국민·통치 등의 영역을 아울러 검토하는 동시에 유기체로서의 국가를 주장했다. 하지만 이러한 시도는 전체주의 국가 이념과 상통했고 이후 나치즘에 채택되었다.

2 생명정치 개념의 간략한 역사는 Roberto Esposito, *Bíos: Biopolitics and Philosophy*, Minneapolis: University of Minnesota Press, 2008, pp. 16~24에서 확인할 수 있다.

3 Johan Rudolf Kjellén, *Der Staat als Lebensform*, Berlin: Kurt Vowinckel Verlag, 1924, S. 35.

4 *Ibid.*, S. 103.

이와 함께 집단들 내부에서는 생존을 달성하고자 매우 효과적인 협력이 이루어지는 것을 확인할 수 있다."[5]

셸렌만이 국가를 '살아 있는 유기체', '살아 있는 생물'로 이해한 것은 아니다. 그의 여러 동시대인——생물학자와 보건 전문가뿐만 아니라 정치학자와 공법 전문가를 포함한——도 국가가 국가 자신의 신체와 정신을 다스리는 집합적인 주체라고 생각했다. 이들 가운데 다수는 동일한 유기체적 힘이 정치·경제·문화·법률로 단순하게 표출된다고 생각했고, 이러한 유기체적 힘이 국가를 구성하고 국가의 구체적인 성격을 결정한다고 이해했다.[6] 유기체주의 개념은 국가를 법적인 구성물(그것의 통일성과 일관성이 개인들의 자유의지가 행사된 결과인)이 아니라 본원적인 생명 형태(개인들과 집단들에 앞서며 이들의 활동을 위한 제도적인 토대를 제공하는)로 이해한다. 기본적인 가설은 모든 사회적·정치적·법률적 결속bond이 살아 있는 전체에 의존한다는 것이다. 그리고 살아 있는 전체는 참되고 영원하고 건강하고 가치 있는 것을 구현한다. 여기서 '생명'이라는 준거점은 신화적인 출발점이자 규범적인 지침으

---

5 Kjellén, *Grundriß zu einem System der Politik*, Leipzig: S. Hirzel Verlag, 1920, S. 93~94.

6 Georg Selety, *Die Politik des Lebens: Ein Grundriss für den Bau der Menschheits-organisation*, Wien and Leipzig: Anzengruber Verlag, 1918; Jakob von Uexküll, *Staatsbiologie(Anatomie-Physiologie-Pathologie des Staates)*, Berlin: Verlag von Gebrüder Paetel, 1920; Oscar Hertwig, *Der Staat als Organismus: Gedanken zur Entwicklung der Menschheit*, Jena: Gustav Fischer Verlag, 1922; Morley Roberts, *Bio-politics: An Essay in the Physiology, Pathology and Politics of the Social and Somatic Organism*, London: Dent, 1938 참조.

로 기능한다. 게다가 이렇게 생명에 준거하는 것은 모든 합리적인 토대나 민주적인 의사 결정을 회피한다. 이러한 관점에서 보면 생물학적 법칙들을 지향하고 이 법칙들을 지침으로 삼는 정치만이 정당하며 현실에 적합하다.

민족사회주의National Socialism 시기 동안 유기체주의 국가 개념의 반反민주적이고 보수적인 특성은 인종주의적인 토대를 장착했다. 당시 널리 사용된 '민족의 신체'Volkskörper라는 은유는 권위주의적이고 위계적으로 조직되어 있으며 인종적으로 동질적인 공동체를 가리켰다. 국가와 사회에 관한 민족사회주의의 견해는 주요한 두 가지 특징을 지녔다. 첫째, 민족사회주의 견해는 역사의 주체가 개인·집단·계급이 아니라 동일한 유전적 전통을 지닌 고립된 공동체라는 관념을 퍼뜨렸다. 이러한 관념은 각자 상이하게 '물려받은 생물학적 특성'에 따라 민족들과 인종들이 자연적 위계를 지닌다는 가설로 보완되었다. 이는 개인과 집단을 불평등하게 대우하는 것이 정당할 뿐만 아니라 필연적으로 보이게 만들었다. 둘째, 민족사회주의 이데올로기는 사회 관계와 정치 문제가 궁극에는 생물학적 원인으로 귀착될 수 있다는 신념에 의존했다. 하지만 그와 동시에 이 체제의 대표자들은 생물학적 결정론을 철저히 거부했고, 대신에 자연적·유기체적 사실이 본질적으로 '역사적·정신적' 사실이라고 강조했다. 그 결과 [인종보다는] 교육과 정신력willpower이 개인과 집단의 발전에 결정적으로 중요하다고 여겨졌다. 저명한 유전학자 오트마 폰 페르슈어[7]는 이렇게 말한 바 있다. "유전적 기질은 [단순히] 반응 가능성을 뜻한다. [반대로] 환경은 주어진 가능성에서 어떤 것이 실현될지 결정한다."[8]

민족사회주의의 생명정치 개념에는 다음과 같은 구성적인 긴장이 있다. 한편에는 생명이 숙명적인 힘이자 신화적인 기원의 장소라는 관념이 존재하고, 다른 한편에는 생물학적 현상event들을 적극적으로 변형하고 통제할 수 있다는 확신이 있는 것이다. 민족사회주의 운동은 자신의 사회적·정치적 구상을 창안하고 정련하기 위해 다양한 자원을 끌고 왔으며, 사회진화론 관념들을 범게르만주의 및 국가주의 이데올로기와 결합시켰다. 민족사회주의 운동은 인류학·생물학·의학 개념을 흡수했고, 이들 학문의 이론 생산과 경험 연구를 동시에 촉진했다.[9] 대개 민족사회주의 문헌에는 이질적인 관념들이 뒤섞여 있기 때문에, 생명정치에 관한 일관된 견해를 끌어내기는 어렵다. 여기서 나는 민족사회주의의 생명정치를 결정적으로 규정하는 두 가지 일반적인 특징에

7 [옮긴이] 오트마 폰 페르슈어(Otmar von Verschuer, 1896~1969)는 독일의 인간생물학자(human biologist)이자 유전학자이다. 주로 '인종위생학'(racial hygiene)과 쌍둥이 연구에 전념한 나치 과학자로 알려져 있으며, 카이저 빌헬름 인류학·인간유전학·우생학 연구소(Kaiser-Wilhelm-Institut für Anthropologie, menschliche Erblehre und Eugenik)와 유전자생물학 및 인종위생학 연구소(Institut für Erbbiologie und Rassenhygiene) 소장을 지냈다. 1944년부터 아우슈비츠 수용소에서 유대인을 대상으로 연구를 진행했으며, 아우슈비츠의 내과 의사이자 죽음의 천사로 불렸던 요제프 멩겔레(Josef Mengele)가 페르슈어의 조수였던 것으로 알려져 있다. 다른 나치 과학자들과 마찬가지로 페르슈어는 전후에 학계로 복귀했는데, 특히 서독의 뮌스터 대학 등지에서 인간유전학자로 변신해 대규모 유전학 연구를 진행했다.

8 Otmar von Verschuer, *Rassenhygiene als Wissenschaft und Staatsaufgabe*, Frankfurt am Main: Bechhold Verlag, 1936, S. 10.

9 Peter Weingart, Jürgen Kroll und Kurt Bayertz, *Rasse, Blut und Gene: Geschichte der Eugenik und Rassenhygiene in Deutschland*, Frankfurt am Main: Suhrkamp, 1992 참조.

만 초점을 맞출 것이다. 하나는 인종위생학racial hygiene과 '유전자생물학'Erbbiologie에 담긴 생명정치 프로그램의 토대이고, 다른 하나는 이들 학문과 지정학적 사고의 결합이다.

제국보건부Reichsgesundheitsamt 장관이었던 한스 라이터[10]는 1934년 연설에서 "우리 생명정치"의 인종적 근거를 설명했다. 이 연설이 입증하듯 민족사회주의의 대표자들은 생명정치를 고전적 정치 개념과의 단절로 인식했다. 라이터는 각 민족의 과거·현재·미래가 "유전되는 생물학적" 사실에 따라 결정된다고 주장했다. 그는 이러한 통찰이 "정치적 관념을 넘어 이전까지 알려지지 않았던 세계관"을 발전시킨 "새로운 사유 세계"의 토대를 마련했다고 봤다.[11] 이러한 이해 방식은 생물학에 근거를 둔 새로운 민족관과 국가관에 이르렀다. "이러한 사유 방식에 따르면 생물학적 사유를 모든 실질적인 정치의 기준·방향·기초로 인정해야 한다."[12] 이러한 사유 노선의 목표는 독일 민족의 인구를 양적으로 증가시키고 "유전 물질"genetic material을 질적으로 개량해 독일

10 [옮긴이] 한스 콘라트 율리우스 라이터(Hans Conrad Julius Reiter, 1881~1969)는 나치친위대(SS)에 참여했던 외과 의사이며, 특히 부헨발트 수용소에서 의학 실험으로 250명 이상을 살해했다. 라이터는 1933년부터 카이저 빌헬름 실험요법 연구소(Kaiser-Wilhelm-Institut für experimentelle Therapie)를 담당했고, 1936년에 베를린 대학 명예교수직에 올랐다. 그는 인종위생학에 관한 책을 집필했으며, 히틀러의 금연 캠페인을 의학적 진보로 강력히 지지했다. 제2차 세계대전 이후 연합국에 의해 생체 실험 혐의가 인정되었으나, 곧 석방되어 학계로 복귀했으며 주로 류머티즘학 분야에서 업적을 남겼다.

11 Hans Reiter, "Unsere Biopolitik und das Auslandsdeutschtum", *Das Reichsgesundheitsamt 1933~1939: Sechs Jahre nationalsozialistische Führung*, Berlin: Julius Springer Verlag, 1939, S. 38.

12 *Ibid.*.

민족의 "생명효율성"Lebenstüchtigkeit을 개선하는 것이었다. 이를 달성하기 위해 라이터는 우생학의 부정적 실천[도태]과 긍정적 실천[육성]을 권고했다. 그에 맞춰 열등한 자손은 포기되는 동시에 "생물학적으로 가치 있다"고 판단된 모든 자를 체제가 지원했다.[13] 그렇지만 민족사회주의의 생명정치는 '선택'과 '제거'를 넘어서는 요소를 포함했다. 인종 정치를 주관하던 법률·규제·정책은 [생물학적] 재생산 활동을 조절하고 훈육하려 했을 뿐 아니라 더 나아가 '인종 혼합'이라는 상상적 위협을 억제하고자 했다. 이러한 관점에서 보면 유전 물질의 개발과 유지는 "외국인 혈통의 침투"를 막고 독일 민족의 "인종 특성"을 보존해야 가능했다.[14] '인종'의 순수성에 대한 관심은 민족 안팎에 존재하는 적에 맞선 투쟁과 동시에 생겨났다. 이 지점에서 생명정치 관념은 지정학적 사고와 결합한다. 인종 정치 프로그램과 생활 공간Lebensraum 원칙의 결합은 나치 독일의 제국주의 팽창에 이데올로기적 토대를 제공했다.

생활 공간이라는 개념은 20세기 초에 창안된 과학적 개념들에서 기원하는데, 늦어도 1938년에는 이 개념이 민족사회주의의 대외 정책에서 핵심 요소로 기능했다. 생활 공간이라는 용어는 독일의 지리학자 프리드리히 라첼[15]이 고안한 것으로 20세기 전환기에 등장했다. 지정

---

13 Reiter, "Unsere Biopolitik und das Auslandsdeutschtum", *Das Reichsgesundheit-samt 1933~1939*, S. 41.

14 *Ibid.*, S. 39.

15 [옮긴이] 프리드리히 라첼(Friedrich Ratzel, 1844~1904)은 독일의 인류학자이자 지리학자이다. 하이델베르크 대학, 예나 대학, 베를린 대학에서 동물학과 지질학을 배우고, 민족학과 지리학을 연구했다. 최초로 '생활 공간'이라는 표현을 고안해 지정학의 기초를 닦았으

학의 '아버지'라 불리는 라첼의 '인류지리학'Anthropogeographie은 고정된 대지와 움직이는 민족people의 관계를 검토했는데, 여기서 공간과 위치라는 두 가지 지리학적 요인이 결정적 역할을 수행했다. 셸렌 역시 지정학의 개념에 능통했으며 그것을 자신의 정치 저술에 사용했다.

그렇지만 독일 지정학에서 가장 중요한 인물은 뮌헨 대학 지리학과 학장이었던 칼 하우스호퍼[16]였다. 하우스호퍼는 루돌프 헤스[17]의 스승이자 친구였고, 1924년에 창간호가 발행된 『지정학회지』Zeitschrift für Geopolitik의 창립에 실질적으로 관여했다.[18] 이 잡지에 실린 글에서 루이스 폰 콜이라는 사람은 생명정치와 지정학이 "국가의 자연과학을 위한 토대"라고 설명했다.[19] 이것은 "국가생물학"Staatsbiologie을 가리키

며, 『인류지리학』(Anthropogeographie: Die geographische Verbreitung des Menschen, 1882~1891), 『지정학』(Politische Geographie oder die Geographie der Staaten, des Verkehrs und des Krieges, 1897) 등 많은 저술을 통해 인문지리학의 방법론에 기여했다.

16 [옮긴이] 칼 에른스트 하우스호퍼(Karl Ernst Haushofer, 1869~1946)는 독일의 군인이자 지정학자이다. 제1차 세계대전에 참전해 육군 소장으로 예편했으며, 세계적인 규모로 확장된 지정학을 연구했다. 특히 하우스호퍼의 관념은 제자인 루돌프 헤스를 통해 히틀러의 팽창 전략에 영향을 미쳤다. 평소 민족사회주의 경향을 보였던 하우스호퍼는 나치의 외교 고문으로 대외 정책에서 중요한 역할을 맡았으며 나치의 침략 정책에 이론적 근거를 제공했다.

17 [옮긴이] 루돌프 발터 리하르트 헤스(Rudolf Walter Richard Heß, 1894~1987)는 나치의 주요 인물이자 히틀러의 부관이다. 뮌헨 폭동에 참가했다가 체포되었고, 같이 구금되어 있던 히틀러가 구술한 내용을 받아 적어 『나의 투쟁』을 엮는 데 기여했다. 이를 계기로 히틀러의 최측근이 되어 본격적으로 정계에 입문했고, 나치가 집권한 이후에는 당과 정부의 2인자인 부총통에 임명되었다. 유대인 등 비(非)아리안 인종을 합법적으로 탄압하기 위한 뉘른베르크 입법에도 적극적으로 관여했다. 종전 후에는 여타 고위층 인사들과 함께 뉘른베르크 재판에 기소되어 종신형을 선고받았다.

18 Franz L. Neumann, Behemoth: The Structure and Practice of National Socialism, London: Victor Gollancz, 1942, pp. 115~124.

며, 콜의 구상에 따르면 이는 상이하지만 상호 보완적인 두 시각에 따라 민족이나 국가의 발전을 검토하는 것이었다. "민족이나 국가를 연구할 때 우리는 시간적 측면과 공간적 측면 가운데 어느 한쪽을 강조할 수 있다. 각각의 경우에 우리는 생명정치와 지정학 가운데 어느 한쪽을 기술해야 할 것이다. 요컨대 생명정치는 시간의 흐름에 따른 역사적 발전과 관련되며, 지정학은 공간의 실제적 분할 혹은 민족과 공간의 현실적 상호작용과 관련된다."[20]

콜은 사회·국가에 관한 수직적 관점과 수평적 관점을 구별한다. 먼저 수직적 관점은 시간의 흐름에 따라 민족의 신체와 그 "생활 공간"이 발전하는 것을 고려한다. 그것은 "인종적 요소의 중요성"에 초점을 맞추어 "민족의 신체가 겪는 흥망성쇠, 이 신체를 구성하는 사회적 계층과 그것의 변화, 질병에 대한 이 신체의 민감성 등"을 탐구한다.[21] 이러한 관점은 수평적 관점과 조화를 이루는데, 수평적 관점은 "지리적 공간 내의 상이한 권력들과 세력장들"의 투쟁과 갈등을 이해하려 한다.[22] 시간적 발전과 공간적 운동은 동시에 고려되어야 한다. 콜은 이러한 발전과 운동을 정치의 지침이자 기준으로 삼았다.

인종적 망상과 집단 학살의 접속('피와 땅'Blut und Boden이라는 표현이 이를 함축한다)이 민족사회주의 생명정치의 독특한 요소라고 할

---

19 Louis von Kohl, "Biopolitik und Geopolitik als Grundlagen einer Naturwissenschaft vom Staate", *Zeitschrift für Geopolitik*, 10, S. 306.

20 *Ibid.*, S. 308.

21 *Ibid.*, S. 308.

22 *Ibid.*, S. 309.

수도 있다. 하지만 '정치의 생물학화'라는 근본 이념은 독일만의 유별난 특성도 아니고 민족사회주의 시기에만 한정되는 것도 아니다. 국가의 "재배하고 육종하고 수술하려는 야망"[23]은 적어도 18세기까지 거슬러 올라갈 수 있다. 양차 대전 사이에 이러한 망상은 이데올로기적·정치적으로 대립하던 진영들 모두에서 활기를 띠었다. 그러한 망상은 스탈린 독재 치하에서 '새로운 소비에트형 인간'이라는 기획으로 등장했으며, 자유민주주의 국가들에서는 우생학 실천으로 출현했다. 독일의 인종위생학자들은 세계 곳곳의 유전학자들과 학문적으로 밀접한 관계를 맺고 있었고, 자신의 정치적 입지를 강화하기 위해 미국의 불임 프로그램과 이민 제한 계획에 주목했다.[24] 나치 체제와 마찬가지로 스탈린의 이데올로그들은 새로운 과학적 지식과 기술적 옵션을 소비에트 인민을 '개량'하고 '고양'하는 데 활용하고자 했다. 생명정치적 비전은 국경을 넘나들었을 뿐만 아니라, 비국가적 행위자와 사회운동에서 동맹 세력을 얻었다. 록펠러 재단은 1930년대에 미국 분자생물학이 발전하는 과정에서 막대한 자금을 지원했다. 분자생물학이 사회 통제와 관련된 새로운 지식과 도구를 산출해 인간 행위를 조정하고 최적화할 수 있을 것이라 기대했기 때문이다.[25]

제3제국의 종말과 제2차 세계대전의 잔혹한 만행 이후 인종주의 생명정치가 진지한 과학적·정치적 지위를 상실하기는 했지만 그 호소

23 Zygmunt Bauman, *Modernity and Ambivalence*, Cambridge, UK: Polity, 1991, p. 32.
24 David J. Kevles, *In the Name of Eugenics: Genetics and the Uses of Human Heredity*, Cambridge, MA: Harvard University Press, 1995.

력은 계속 유지하고 있다. 우익 운동의 대표자들은 지금도 여전히 생명정치와 관련된 개념들을 사용해 '인종 문제'에 대한 '시대정신'Zeitgeist의 무지를 한탄하고 있다. 이들은 인종이라는 범주가 오늘날에도 타당성을 지닌다고 주장한다. 민족사회주의의 이데올로그들과 마찬가지로 이들은 근본적인 사회 위기가 이른바 상이한 '인종' 간의 투쟁 및 '인종 혼합'과 '타락'이라는 상상된 위협에서 발생한다고 진단한다. 이러한 끈질긴 주장을 펼치는 한 가지 사례가 자크 드 마이외의 책이다. 그는 예전에 나치 무장친위대Waffen SS에 복무했으며, 제2차 세계대전 이후에는 아르헨티나로 달아나 여러 대학에서 정치학을 가르친 인물이다. 그가 보기에 "정치의 토대"를 구축하기 위해 오늘날 정치학이 수행해야 하는 "핵심 과업"은 점증하는 "인종 투쟁"과 "민족 충돌"의 원인을 밝히는 것이다.[26] 마이외의 책 제목은 민족·국가·인종이라는 생명정치의 세 요소를 환기시키며, 이는 단순히 문제를 진단하는 식별 모델을 제시할 뿐 아니라 자신이 확인했다고 주장하는 위기를 구성하고 이에 대한 해결책을 제시한다. 그에 따르면 "유전 과정이 인간 공동체의 삶에 영향을 미치기 때문에, 생명정치란 유전 과정의 총체성을 파악하는 것을 뜻한다".[27]

25 Lily E. Kay, *The Molecular Vision of Life: Caltech, the Rockefeller Foundation, and the Rise of the New Biology*, New York: Oxford University Press, 1993.

26 Jacques de Mahieu, *Volk-Nation-Rasse: Grundlagen der Biopolitik*, Riesa: Deutsche Stimme-Verlag, 2003, S. 13.

27 *Ibid.*, S. 12.

2. 생명정치학 : 인간 본성과 정치 행위

1960년대 중반 무렵 ['생명정치학'이라는 명칭으로 알려진][28] 새로운 이론적 접근이 정치학 내에서 대두했는데, 이 접근은 '자연주의 정치학'을 제안했다.[29] "생명정치학자"Biopolitiologen[30]는 정치 행위의 원인과 형태를 조사하기 위해 생물학의 개념과 연구 방법을 활용한다.[31] 이러한 접근법을 대표하는 사람들은 동물행동학·유전학·생리학·정신약리학·사회생물학의 가설과 모델, 발견에 의존했다. 그런데 대략 40년에 걸친 연구와 출판 활동에도 불구하고 현재 이러한 이론적 관점은 미국에서만 초보적인 형태로 제도화되었을 뿐이다. 정치생명학회Association for Politics and Life Science는 1985년 미국정치학회American Political Science Association의 공식 분과 지위를 얻었지만 10년 후에는 회원 감소로 지위를 상실했다. 다만 이 분과에서 창립한 학술지『정치학과 생명과학』Politics and the Life Sciences이 1982년 이후 명맥을 유지하고 있다.[32] 미국을 제외하면 이 분과의 활동은 정치학 내에서 미미한 실정이며 생

---

28 [옮긴이] 이 부분은 독일어판에 있는 표현을 살린 것이다. 독일어판에서 렘케는 '생명정치학'(biopolitics)이라는 표현을 사용했지만 영어판에서는 이 표현을 '자연주의 정치학'(naturalistic study of politics)으로 대체했다. 여기서는 독일어판의 표현을 따랐다.

29 Robert H. Blank and Samuel M. Hines Jr., *Biology and Political Science*, New York: Routledge, 2001, p. 2.

30 Albert Somit and Steven A. Peterson, "Introduction: Main Currents in Biopolitics", *International Political Science Review*, 8(2), 1987, p. 108.

31 이러한 의미의 생명정치 개념을 최초로 사용한 인물은 아마도 정치학자 린턴 K. 콜드웰일 것이다. Lynton K. Caldwell, "Biopolitics: Science, Ethics, and Public Policy", *Yale Review*, 54(1), 1964, pp. 1~16.

명정치학자를 자임하는 학자들이 일부 나라에 존재할 뿐이다.[33]

심지어 이 접근의 옹호자들 사이에서도 그것의 의미와 범위가 거듭 논란의 대상이 되고 있다. 일부 생명정치학자는 정치학의 패러다임 이동을 요구하거나 모든 사회과학을 새롭고 통합된 사회생물학으로 흡수하길 원한다.[34] 반면에 다른 사람들은 이러한 접근이 기존에 확립된 이론 모델과 연구 방법을 결정적으로 보완하고 완성한다고 생각한다. 일관성이 떨어지는 이 연구 분야에서 우리는 이런 식의 기획을 대부분 포괄할 수 있는 네 가지 경향을 확인할 수 있다. 첫번째 경향은 신다윈주의 진화 이론을 수용한다. 이 흐름의 초점은 인간 존재의 발달과 국가·사회의 기원에 역사적이고 인류학적인 질문을 던지는 것이다. 두번째 경향은 정치 행위를 분석하기 위해 동물행동학과 사회생물학의 개념과 성과를 받아들인다. 세번째 경향은 생리학적 요인과 그것이 정치 행동을 이해하는 데 기여하는 바에 관심을 갖는다. 네번째 경향의 초점은 인간 본성에 개입하고 환경을 변화시키는 과정에서 등장하는 현실의 정치 문제('생명정책'biopolicy)에 있다.[35]

32 Blank and Hines Jr., *Biology and Political Science*, pp. 6~8.
33 독일에서는 현재 뒤셀도르프 대학 정치학과 명예교수인 하이너 플로가 30년 동안 이 같은 연구 관점이 중요하다고 주장해 왔다. Heiner Flohr, "Bureaucracy and Its Clients: Exploring a Biosocial Perspective", Elliott White and Joseph Losco eds., *Biology and Bureaucracy*, Lanham, MD: University Press of America, 1986, pp. 57~116. Klaus Kamps and Meredith Watts Hg., *Biopolitics–Politikwissenschaft jenseits des Kulturalismus: Liber Amicorum Heiner Flohr*, Baden-Baden: Nomos, 1998도 참조.
34 Edward O. Wilson, *Consilience: The Unity of Knowledge*, New York: Knopf, 1998 [『통섭: 지식의 대통합』, 장대익·최재천 옮김, 사이언스북스, 2005].

여기에 관련된 이론적 원천과 주제적 관심이 다양하기는 하지만, 이들 연구 대부분이 세 가지 기본적인 측면에 동의하고 있기 때문에 다음과 같은 공통된 연구 관점을 도출할 수 있다. 첫째, 이들 연구는 주로 정치 행위를 대상으로 하는데, 그것의 기본 전제는 객관적으로 증명할 수 있는 생물학적 요인이 정치 행위를 실질적으로 결정한다는 것이다. 이러한 설명 모델에서 (상호) 주관적인 동기나 근거는 그저 사소한 역할만 할 뿐이며 문화적 요인도 마찬가지다. 둘째, 이 접근의 목표는 상징 구조를 해석하거나 규범적 비판을 제공하는 것이 아니며, 합리적인 정치——생물학적 요건에 부합하는 정치——를 위한 결론들을 끌어내고자 하면서 관찰 가능한 행위를 묘사하고 설명하는 것이다. 셋째, 방법론적 측면에서 이 접근은 특정한 행동 방식과 제도적 과정을 객관적으로 기술하는 외부 관찰자의 관점에 의존한다. 반면에 행위자나 참여자의 입장에서 개념이 현실에 접근할 때, 그것은 과학적으로 불완전한 것으로 간주된다.[36]

따라서 '생명정치학'을 옹호하는 모든 사람이 공통적으로 사회과

35 Somit and Peterson, "Introduction", *International Political Science Review*, 8(2), p. 108; Kamps and Watts Hg., *Biopolitics*, S. 17~18; Blank and Hines Jr., *Biology and Political Science*; Nancy Meyer-Emerick, "Public Administration and the Life Sciences: Revisiting Biopolitics", *Administration and Society*, 38(6), 2007, pp. 689~708.

36 Thomas Saretzki, "Biopolitics: Ein erklärungskräftiger Ansatz für die Theorie politischer Institutionen?", Gerhard Göhler, Kurt Lenk und Rainer Schmalz-Bruns Hg., *Die Rationalität politischer Institutionen: Interdisziplinäre Perspektiven*, Baden-Baden: Nomos, 1990, S. 86~87.

학이 취하는 이론적·방법론적 지향을 비판한다. 이들은 이 같은 지향이 불완전하다고 생각한다. 이들이 보기에 인간은 원칙적으로 자유로운 존재라는 전제가 사회과학을 지배한다. 그리고 이런 식의 생각은 학습과 사회화 과정을 지나치게 강조한 나머지 인간의 (정치) 행위가 대부분 생물학적으로 결정된다는 사실을 인식하지 못한다. 생명정치학의 관점에 따르면 사회과학의 '문화주의'는 인간 행위를 이루는 '심층적' 원인을 체계적으로 무시하기 때문에 '표층'에 머문다. 따라서 통상적인 사회과학 연구는 '일면적'이고 '환원적'이다. 사회과학 연구가 제기하는 문제들의 지평은 인간 행위의 생물학적 근원을 포괄하지 않기 때문이다. 따라서 생명정치학자들은 '생명문화적'biocultural 혹은 '생명사회적'biosocial 접근을 요구하는데, 이것의 목표는 인간 존재와 그들의 생활 방식을 '보다 현실적으로' 평가하는 것이다. 이 접근은 일면적인 양자택일 모델을 결합적 모델로 대체하기 위해 사회과학적 관점과 생물학적 관점을 통합한다고 주장한다.[37]

생명정치학자들은 [흔히 생각하는 것과 달리] 결정론적 관계를 법칙처럼 상정하지 않는다. 대신 이들이 주장하는 바는 정치적 행위자의 동기와 자유space를 형성하는 데 생물학적 '근원'이나 '요인'이 결정적으로 중요하다는 것이다. 이들이 보기에 인간 진화의 역사에서 수많은

37 Thomas C. Wiegele, *Biopolitics: Search for a More Human Political Science*, Boulder, CO: Westview, 1979; Roger D. Masters, "Biology and Politics: Linking Nature and Nurture", *Annual Review of Political Science*, 4, 2001, pp. 345~369; John R. Alford and John R. Hibbing, "The New Empirical Biopolitics", *Ibid.*, 11, 2008, pp. 183~203.

행위 패턴이 등장했으며, 그 중 어느 것도 인간 행위를 완벽히 결정하지 못하지만 그럼에도 다수의 패턴이 다양한 삶life의 영역에서 인간 행위를 상당 부분 조형한다. '생명정치학'이라는 이름을 달고 나온 저술들이 주로 관심을 가지는 현상은 경쟁과 협력, 불안과 공격성, 지배 관계, 위계 형성, 외국인 증오, 족벌주의 등이다. 이들 현상은——적어도 가설적으로는——궁극적인 진화 메커니즘에 뿌리를 두고 있으며, 대체로 개인이 "생물학적으로 유익하게" 행위하도록 이끈다. 이러한 시각에 따르면 국가의 형성과 지속은 민주적 합의나 사회적 권위보다는 심리와 신체에 바탕을 둔 지배 관계에 의존하며, 이 관계는 유전된 행위 패턴으로 거슬러 올라갈 수 있다.[38]

이러한 관점에서 보면 인간 사회에서 위계의 발생은 사회적 현상이 아니라 진화의 역사가 생산한 불가피한 산물이다. 왜냐하면 인간 사회에서 접근과 참여의 기회가 불균등하게 분포할수록 이른바 진화에 유리해지기 때문이다. 다시 말해 [위계적 질서를 통해] 안정적이고 예측 가능한 관계가 존재한다면, 누군가의 유전자는 다음 세대로 보다 쉽게 전달될 수 있다. 이런 가설에 견고한 근거를 제공하기 위해 생명정치학자들은 경제학의 명제를 동원하고 있으며 그것을 자연적 사실로 전제한다. 이에 따르면 인간 존재의 본성은 희소한 자원을 놓고 경쟁하는 것이며, 경쟁 상황에 대처하는 생물학적 능력이 상이하기 때문에 권력이 사람들 사이에서 불평등하게 분배된다. 이런 이유로 사회적 위계는

---

38 Wiegele, *Biopolitics*; Blank and Hines Jr., *Biology and Political Science* 참조.

필연적이고 불가피한 것으로 간주된다.[39]

　나아가 특정 형태의 통치와 권위에 대한 선호는 인간 진화의 역사에서 비롯한다. 대개 인간 존재의 유전적 자질은 민주주의 국가보다 권위주의 체제에 더 적합하다고 주장된다. 이러한 시각에 따르면 민주주의 국가는 다음과 같은——매우 드물게 생겨나는——특정한 진화 조건에서만 가능하다. 다시 말해 개인과 집단의 지배 행위에 대항해 민주주의가 대두하고 실행되려면, 특정한 행위자가 패권을 쥘 수 없을 정도로 권력 자원이 곳곳에 분배되어야 한다.[40] 심지어 자민족 중심주의ethnocentrism와 민족ethnic 갈등조차 인간의 계통 발생을 결정하는 요인, 이른바 희소한 자원을 둘러싼 갈등과 친족 선택kin selection 원리로 거슬러 올라간다. 친족 선택이라는 관념은 소규모 집단에서는 외부 성원보다 내부 성원의 복리를 훨씬 우선시한다는 것이다. 왜냐하면 내부 성원들 사이에서 생물학적 관련성이 확률적으로 매우 높아지기 때문이다.[41]

　이상을 종합하면 생명정치학자들의 작업이 인간 존재와 사회에 대한 상당히 비관적인 모습을 드러냄을 알 수 있다. 그렇지만 '생명정치학'을 일률적으로 민족사회주의나 인종주의 입장과 동일시해서는 안 된다. 인간이 타고난 형질에 따라 존재한다고 해서 이로부터 특정한 정

39 Somit and Peterson, *Darwinism, Dominance, and Democracy: The Biological Bases of Authoritarianism*, Westport, CT: Praeger, 1997.

40 Tatu Vanhanen, *The Emergence of Democracy: A Comparative Study of 119 States, 1850~1979*, Helsinki: Finnish Society of Sciences and Letters, 1984.

41 Kamps and Watts Hg., *Biopolitics*, S. 22~23.

치적 지향이 도출되는 것은 아니다. 실제로 생명정치학자들의 정치적 입장은 매우 다양하다. 그 스펙트럼상에는 하이너 플로처럼 열성적인 사회 개혁론자도 존재하고,[42] 존 필립 러시턴[43]같이 인종주의 패턴을 노골적으로 추종하는 사람도 존재한다. 러시턴에 따르면 미국에서 아프리카계 미국인의 범죄가 많은 것은 피부색과 관련된 유전적 행동 때문이다.[44] 이데올로기 비판이라는 도구는 이 같은 접근을 분석하는 데 충분하지 않다. 여기서 중요한 쟁점은 생물학적 요인이 사회적·정치적 행위 분석에 유용하다는 주장 **자체**가 아니다. 오히려 중요한 것은 [그런 행위와 생물학적 요인의] 상호작용을 **어떻게** 인식하느냐이다. 이런 측면에서 생명정치학자들의 답변은 아무런 설득력을 지니지 못했다. 그 결과 이들이 주장하는 연구 관점은 끊임없이 의심받았고 이견에 노출되었다. 여기서는 그 중에서 몇 가지만 간략히 살펴볼 것이다.

생명정치학자들은 생물학 지식이 사회과학에 반영되어야 한다고 강령 수준으로 요구하고 있지만, 여기에는 다음과 같은 문제가 존재한다. 즉 그들은 한편의 '생물학적' 요인과 다른 한편의 '문화적', '사회적'

---

42 Flohr, "Bureaucracy and Its Clients: Exploring a Biosocial Perspective", White and Losco eds., *Biology and Bureaucracy.*

43 [옮긴이] 존 필립 러시턴(John Philippe Rushton, 1943~2012)은 캐나다 웨스트 온타리오 대학 심리학과 교수였다. 인종 집단 간의 차이에 관한 연구로 잘 알려져 있는데, 예를 들어 『인종, 진화, 행위』(*Race, Evolution, and Behavior*, 1995)에서는 진화 선택 메커니즘을 활용해 인종과 지능, 인종과 범죄의 특정한 관계를 조사했다. 그는 2002년부터 여러 유력 인종주의 단체의 지원을 받아 연구 재단을 이끌었으며, 많은 연구자와 단체로부터 인종주의를 자연화한다고 비판받았다.

44 John Philippe Rushton, "Race Differences: A Global Perspective", Somit and Peterson eds., *Research in Biopolitics*, Stamford, CT: JAI Press, 1998, pp. 119~136.

요인이 어떻게 상호작용하는지, 또한 두 요인이 서로 어떻게 구분되는지를 거의 설명하지 않는다. 나아가 이른바 '생물학적 토대'가 특정한 정치 행위 패턴을 구체적으로 어떻게 '촉발하는지' 혹은 '산출하는지'도 불명확하다. 이 접근을 옹호하는 많은 이가 개진하는 유전적 조절이라는 얄팍한 개념(예를 들어 위계제나 지배 행위에 '부합하는' 유전자라는 관념)은 생물학의 최근 발견과 더 이상 일치하지 않으며, 근래 들어 점점 더 많이 비판받고 있다.[45] [다음으로] 대부분의 생명정치학자는 상이한 학문의 사고방식culture을 개념적·이론적·방법론적으로 통합할 수 있는 방법을 체계적으로 고려하지 않는다. 따라서 이들은 자신이 보다 '심층적인' 경험적 설명을 제공하고 한층 포괄적인 이론적·개념적 접근을 제시한다고 주장하지만, 사실상 이런 주장은 대부분 근거도 미약하고 비현실적인 채로 남아 있다.[46] [마지막으로] 생명정치학자들은 자연과 사회의 이분법이 지속된다고 한탄해 마지않는다. 하지만 이들은 애초부터 '자연'을 자율적 체계이자 폐쇄된 영역으로 간주하고, 게다가 이런 폐쇄된 영역이 정치 행동을 결정적으로 형성한다는 확신에서 출발하기 때문에, 이들이야말로 오히려 자연과 사회라는 이분법을 촉진하고 지속시킨다.

45 Susan Oyama, Paul E. Griffiths and Russell D. Gray, *Cycles of Contingency: Developmental Systems and Evolution*, Cambridge, MA: MIT Press, 2001; Eva M. Neumann-Held and Christoph Rehmann-Sutter eds., *Genes in Development: Rereading the Molecular Paradigm*, Durham, NC: Duke University Press, 2006.

46 Saretzki, "Biopolitics", Göhler, Lenk und Schmalz-Bruns Hg, *Die Rationalität politischer Institutionen*, S. 91~92.

'생명정치학' 접근이 지닌 또 다른 문제는, 정치 과정을 탐구할 때 결정적으로 중요한 요소인 상징적 구조와 문화적 패턴을 이 부류의 연구를 대표하는 자들이 완전히 간과한다는 점이다. 따라서 이들이 사회 현상을 단지 자연 조건과의 조응이라는 측면에서 다루는 한, 이들은 자신이 연구한다고 주장하는 바에 관해 파악하는 것이 거의 없다. 이들은 사회정치적 진화가 '생물학적 요인'에 얼마나 영향을 미치는지, 그리고 그 요인을 얼마나 변화시키는지 의식하지 않는다. 그 결과 생명정치학자들은 '인간 존재'를 생명문화적 발전 과정의 산물로 간주할 뿐 이 과정의 생산자로 이해하지 못한다. 이러한 일면적인 시각은 자연과 사회, 생물학과 정치학의 관계에 관한 오늘날의 논의에서 핵심적인 차원을 은폐한다.

새로운 유전 기술과 생식 기술이 발전하면서, 인간 자신의 생물학적 진화를 선별적으로, 심지어 구조적으로 완전히 새로운 수준으로 형성하는 역량 역시 증대했다. 이런 시점에 중요한 것은——그동안 무시되었다고 추정되는——'생물학적 조건'을 인식하는 것이 아니다. 지금은 이러한 조건 자체가 완전히 새로운 방식에 따라 좌우되고 있다. 한 사회가 '자연의 제조'와 '맞춤형 인간'을 논의할 수 있을 때, 무엇보다 중요한 질문은 갈수록 강화되고 있는 사회에 의한 자연의 형성이 어떤 목표와 책임을 지니고 있느냐는 것이다. 마찬가지로 중요한 질문은 어떤 식의 제도적 설계가 이러한 새로운 사태를 적절히 다룰 수 있느냐는 것이다.[47]

바로 이 질문, 다시 말해 제도적·정치적 형태에 관한 질문과 '자연문제'에 대한 사회적 대답이 '생명정치'를 다루는 두번째 연구 노선의 출발점을 제공한다.

47 Saretzki, "Biopolitics", Göhler, Lenk und Schmalz-Bruns Hg, *Die Rationalität politischer Institutionen*, S. 110~111. 또한 Esposito, *Bíos*, pp. 23~24도 참조.

2장

정치의 대상으로서 생명

1. 생태학적 생명정치

1960년대와 1970년대 초에 생명정치는 또 다른 의미를 획득했다. 이는 정치의 생물학적 토대에 초점을 맞추기보다는 생명 과정을 정치적 성찰과 행동의 새로운 대상으로 설정했다. 정치 활동가와 사회운동은 점점 더 생태 위기를 강조했으며, 이제 생명정치는 생태 위기라는 관점에서 전 지구적 환경 위기의 해결책을 모색하는 정책과 규제 활동을 뜻하게 되었다. 「로마 클럽 보고서」[1]는 이러한 활동에 결정적인 전기를 제공했다.[2] 이 보고서는 과학적 모델링과 컴퓨터 시뮬레이션을 통해 경제성장이 지닌 인구학적이고 생태학적인 한계를 보여 주었다. 이 보고서는

---

1 [옮긴이] 1968년 결성된 로마 클럽의 인간·자원·환경 문제에 관한 미래 예측 보고서이다. 로마 클럽은 학자와 기업인, 전직 대통령 등 세계 52개국 각계 지도자 100명으로 구성된 연구 기관이며 각종 세계 문제를 논의해 보고서 형식으로 해결책을 제안한다. 로마 클럽은 1972년 경제성장이 환경에 미치는 부정적 영향, 자원 고갈, 환경오염 등을 주장한 『성장의 한계』를 책으로 발간했는데, 이 책이 베스트셀러가 되면서 로마 클럽도 국제적인 명성을 얻었다.

2 Dennis L. Meadows, Donella Meadows, Erich Zahn and Peter Milling, *The Limits to Growth: A Report for the Club of Rome's Project on the Predicament of Mankind*, New York: Universe Books, 1972[『성장의 한계』, 김병순 옮김, 갈라파고스, 2012].

자연환경의 파괴를 막기 위해 정치적 개입을 요구했다. 점점 더 많은 사람이 천연자원의 한계를 자각했으며, '인구 폭발'의 귀결에 대한 불안이 점점 더 확산되었다. 그리고 이와 함께 종말론적 시나리오가 급격히 유행했는데, 그 전망에 따르면 지구상의 생명과 인류의 생존이 위태로운 상태에 처해 있었다.

이러한 맥락에서 생명정치 개념은 새로운 의미를 획득했다. 그것은 인류의 자연환경을 보존하기 위해 새로운 정치 영역과 행위가 발전한다는 의미였다. 이는 예를 들어 독일의 정치학자 디트리히 군스트가 여섯 권의 시리즈로 펴낸 『권력과 법 사이의 정치』에서 명확히 드러난다. 이 시리즈에서 군스트는 독일 헌법과 외교 정책을 기술했는데, 이 중 한 권을 생명정치에 할애했다. 그에 따르면 생명정치는 "환경보호와 인류의 미래에 관한 이슈를 포함해 보건 정책과 인구 조절에 관한 모든 것"을 포괄한다. "이러한 정치 영역은 전반적인 형태에서 비교적 새로운 것이며, 생명과 생존에 관한 문제가 점점 더 중요해지고 있다는 사실을 고려한다."[3]

군스트의 책에서 각 장이 강조하고 있듯이 세계 인구는 점점 더 늘어나고 있지만 많은 나라에서 기아가 증가하고 적절한 영양 공급이 부족한 상태이다. 또한 대기와 수질이 오염되고 천연자원은 고갈되며 에너지 공급은 감소하고 있다. 이 모든 [인구와 환경] 문제가 [새로운] 정

---

3 Dietrich Gunst, *Biopolitik zwischen Macht und Recht*, Mainz: v. Hase und Köhler Verlag, 1978, S. 9.

치적·사회적 문제를 야기하는 것이다. 반대로 건강관리health care의 조직, 생명의학의 혁신, "삶과 죽음의 조작manipulation"은 이 책에서 주변적 역할에 그친다.[4] 군스트는 행위 영역들과 이것들이 제기하는 정치적 도전을 개괄한 다음 하나의 일반적인 결론에 도달한다. "생명을 지향하는 정치"만이 악화 일로에 있는 이런 문제들을 해결할 수 있다는 것이다.[5] 여기서 생명을 지향하는 정치라는 말은 생태학적 세계 질서를 달성하기 위한 수단과 계획을 뜻한다. 군스트가 보기에는 정치 활동뿐만 아니라 (소비·생산·분배 같은) 경제 구조도 지역적·지방적·국가적·국제적 수준에서 생물학적 요건에 맞춰 조정되어야 한다.[6]

생명정치 개념은 생태학적 사유와 결합되었고 다양한 이데올로기적·정치적·종교적 이해관계의 준거점이 되었다. '생태학적 문제'에 대한 매우 독특한 반응 가운데 하나는 "기독교 생명정치"라는 개념이다. 이 개념은 신학자 케네스 코덴이 『기독교 생명정치: 미래를 위한 신조와 전략』(1971)에서 제시한 것이다. 코덴은 '행성 사회'planetary society의 등장을 주장하는데, 이 사회는 지구가 생물학적 한계를 넘어설 때 출현한다. 이런 사태는 사람들의 의식을 근본적으로 변화시킬 수 있으며, 코덴은 자신의 책에서 이런 변화가 내포한 기회와 위험을 동시에 검토한다. 그에 따르면 이념과 태도, 목표가 변화할 때 비로소 [생태적으로] 바람직한 전환이 가능하며, 이에 신학과 교회가 각별한 역할을

4 *Ibid.*, S. 21.
5 *Ibid.*, S. 12.
6 *Ibid.*, S. 165~183

맡는다. "기독교 생명정치"가 계발하는 것은 "생명을 중심에 둔 종교-윤리적 관점이며, 과학기술 시대에 적합한 기쁨enjoyment의 추구이다. 이러한 생태학적 모델은 현실에 대한 유기체적 이해 방식을 요구한다. 여기서 인간은 생명영성적biospritual 통합체로 간주되며, 이런 통합체의 생명은 인간의 역사뿐만 아니라 우주 자연 안에 놓여 있다고 여겨진다".[7] 보다 구체적으로 말하면 코덴이 촉구하는 "운동은 정의와 기쁨joy으로 충만한 생태적으로 최적화된 세계 공동체를 추구한다. 이 공동체 안에서 인류는 단순한 생존을 넘어 육체적·영성적 기쁨을 향한 새롭고 진취적인 모험을 전개할 수 있다".[8]

그렇지만 종교적 신념에 충실한 사람들만이 한창 유행하던 환경 논쟁을 자신의 목적에 끌어들인 것은 아니었다. 특히 독일에서는 우익 운동의 주창자들이 활발히 활동했는데, 이들은 생태학적 메시지를 우생학적·인종주의적 테마와 결합했다. '세계생명보호협회'Weltbund Zum Schutze des Lebens[9]는 일찍이 1960년 독일에 지부를 설치했고, 5년 후에는 '전독일생명정치협회'Gesamtdeutsche Rat für Biopolitik가 창립되었다. 1965년에 독일의 우익 잡지 『민족 유럽』은 '생명정치'라는 제목을

7 Kenneth Cauthen, *Christian Biopolitics: A Credo and Strategy for the Future*, Nashville, TN: Abingdon, 1971, pp. 11~12.
8 *Ibid.*, 10.
9 [옮긴이] 세계생명보호협회는 국제 비영리·비정부 기구로, 귄터 슈밥(Günther Schwab)에 의해 1958년 오스트리아 잘츠부르크에서 설립되었다. 이 단체는 인간의 자연 파괴에 맞선 활동으로 잘 알려져 있다. 세계생명보호협회는 1972년 유엔 인간환경회의의 결과로 설립 된 유엔환경계획(UNEP)이 사용하던 '환경보호'와 구별하기 위해 '생명보호'라는 개념을 고안했다.

단 부록을 출간했다. 여기서 기고자들은 "바람직하지 못한 두 가지 생명정치적 경향"에 초점을 맞추었는데, 하나는 "걷잡을 수 없는 지구의 인구 과밀"이고 다른 하나는 "유전자 풀의 오염"을 초래할 "모든 인종과 혈통의 혼합"이었다.[10] 기고자들의 주장에 따르면 "우리 아이들의 생존 가능성"을 보장하기 위해 미래의 정치는 생명정치가 되어야 하며, 그 목표는 인류가 직면한 이 두 근본 문제를 박멸하는 것이어야 한다.[11] 그런데 이들이 보기에 단순히 "미래 세대의 유전적 건강을 보호하고"[12] 세계 인구를 통제한다고 해서 모든 문제가 해결되지는 않는다. 우익 집단들은 이와 함께 비교적 일찍부터 원자력 문제를 제기했다. 이들은 '원자력 사망'에 반대하는 투쟁을 전개했고 원자력 에너지로 인한 건강 문제에 적극적으로 개입했다.[13]

2. 기술 중심적 생명정치

생명과 관련된 전 지구적인 자연적 토대를 확보하고 보호한다는 생명정치 개념은 곧바로 두번째 구성 요소에 의해 확대되었다. 1970년대를 거치면서 환경 운동이 확산되고 생태 문제에 대한 민감도가 증가했을 뿐 아니라 생명공학에서도 몇 가지 눈부신 혁신이 일어났다. 1973년 생

---

10 *Nation Europa*, Beiheft: Biopolitik, Coburg, 1965, S. 1.
11 *Ibid.*, S. 1~2.
12 *Ibid.*, S. 45.
13 예를 들어 *Biologische Zukunft: Zeitschrift für Biopolitik und Eugenik*, 14(1/2), 1978 을 보라.

물종끼리 DNA를 옮기는 작업이 최초로 성공했다. 그 덕분에 상이한 유기체들의 유전자 정보를 분리해 다양한 방식으로 재조합할 수 있게 되었다. 비슷한 시기에 태아 진단이 산전 관리의 필수 부분이 되었고, 체외수정과 같은 새로운 생식 기술도 개발되었다.

유전 기술과 생식 기술이 점점 더 중요해지면서 과학 발전의 규제와 통제에 대한 관심이 일었다. 생물학 및 의학 연구가 발달하고 그 성과가 실용적으로 응용되면서 자연과 문화의 경계가 매우 우발적이고 취약하다는 사실이 드러났으며, 이에 따라 그 경계를 재설정하려는 정치적·법률적 시도가 강화되었다. 사람들은 어떤 조건하에서 어떤 과정과 절차가 허용될 수 있는지 규정할 필요가 있다고 느꼈다. 마찬가지로 공적 기금으로 지원해야 하는 연구와 금지해야 하는 연구를 분명히 구분할 필요가 있었다.

이들 문제는 궁극적으로 생명정치에 관한 두번째 의미 수준을 건드리게 되었다. 즉 생명윤리bioethics에 대한 관심과 고려가 점차 증가한 것이다. 이러한 관심과 고려는 기술적으로 가능한 것에 관한 사회적 수용성을 집단적으로 협상하고 합의를 끌어내는 것과 결부된다. 독일의 사회학자 볼프강 판 덴 다엘[14]은 생명정치를 전형적으로 이런 식으로 규정하는데, 그에 따르면 생명정치는

---

14 [옮긴이] 볼프강 판 덴 다엘(Wolfgang van den Daele, 1939~)은 사회학자이자 법학자로 베를린 자유대학 사회학과 교수이다. 2001년부터 독일 국가윤리위원회 위원으로 일하고 있다. 현재 주요 관심사는 과학과 기술 발전으로 인한 갈등과 사회적 변화이며, 이를 해결하기 위한 새로운 방법을 찾는 데 주력하고 있다.

현대 기술과 자연과학을 인간 생명에 적용하는 것과 관련한, 대략 20년에 걸쳐 진행된 사회적 공론화thematization와 규제를 말한다. 이러한 실천policy은 생식의학과 인간유전학을 우선적으로 다룬다. 하지만 과학적·기술적으로 시시해 보이는 성형수술과 나아가 뇌 연구도 점차 주목받고 있다. 생명정치는 경계를 넘어서는 것에 반응한다. 우리는 인간 생명의 경계 조건에 점점 더 접근하고 있으며, 생명정치는 이에 대한 반응이라고 할 수 있다. 이러한 경계 조건은 우리의 기술적 능력을 넘어서 있었기 때문에 이제까지는 의문시되지 않았다.……그런데 경계 넘기는 이에 대한 규제를 둘러싼 도덕적 논란과 토론을 낳는다. 여기서 다음과 같은 고전적 질문이 다시금 중요해진다. 우리가 할 수 있다는 단순한 이유 때문에 그것을 해도 되는가?[15]

최근 들어 이러한 해석이 저널리즘은 물론이고 정치적 선언과 주장에서도 널리 확산되었다. 적어도 2000년대 들어 생명정치는 생명공학적 개입의 근거와 경계를 결정하는 행정적·법률적 절차를 의미하게 되었다.[16]

15 Wolfgang van den Daele, "Soziologische Aufklärung zur Biopolitik", Wolfgang van den Daele Hg., *Biopolitik*, Wiesbaden: VS Verlag für Sozialwissenschaften, 2005, S. 8.
16 『생명정치학회지』(*The Zeitschrift für Biopolitik*)는 2002년 창간된 이후 휴간 중이지만, 여기서 이런 해석 경향과 관련된 수많은 사례를 확인할 수 있다. Andreas Mietzsch, "Die Zeitschrift für Biopolitik: Ein interdisziplinäres Medien-Projekt", *Zeitschrift für Biopolitik*, 1(1), 2002 참조.

그렇다면 1970년대 이후 '생명'은 두 가지 측면에서 정치적 사유와 행동의 준거점이 되었다고 말해도 과언이 아니다. 한편으로 인간의 '환경'은 현존하는 사회적·경제적 구조의 위협을 받고 있으며, 정책 입안자들은 생태 문제에 대한 올바른 해법을 모색하고 지구 생명체들의 환경과 인류의 생존을 보호해야 한다. 다른 한편으로 생명과학이 발달하고 기술이 혁신되면서, 생명의 '자연적 토대'가 정확히 무엇인지, 그것이 생명의 '인공적' 형태와는 어떻게 다른지 파악하기가 점점 더 어려워진다. 생물학이 공학 기술 과정으로 변형되고, 생명체가 자족적이고 경계가 분명한 전체body가 아니라 이질적이고 교환 가능한 요소들(예를 들어 장기, 생체 조직, DNA)의 구성물로 인식되면서, 전통적인 환경보호와 생물종의 보존 활동은 점점 더 타당성을 잃어 간다. 이들 활동의 사고방식이 여전히 생명체에서 독립된 자연계를 전제하기 때문이다. 이러한 관점에서 보면 자연은 원칙적으로 인간의 개입을 벗어난 영역이다. 이러한 견지에서 월터 트루이트 앤더슨[17]은 "환경보호주의에서 생명정치로의" 이행에 주목한다.[18] 새로운 정치 영역으로서 생명정치는 여태껏 생각지 못한 질문과 문제를 제기하며, 그 범위는 전통적

17 [옮긴이] 월터 트루이트 앤더슨(Walter Truett Anderson, 1933~)은 정치학자이자 사회심리학자이다. 그는 인간이 지구에 존재하는 모든 생명의 미래에 대해 의식적인 책임을 져야 하고 그들의 상징적 의사소통 체계를 이해해야 한다고 제안한다. 그의 주요 연구 주제는 인간이 지구의 생명 체계에 미친 영향과 오늘날 글로벌 사회에서 개인의 정체성 구성이다.

18 Walter Truett Anderson, *To Govern Evolution: Further Adventures of the Political Animal*, Boston: Harcourt Brace Jovanovich, 1987, p. 94.

형태의 환경보호를 완전히 넘어선다. 앤더슨이 보기에 생명정치는 멸종 위기에 처한 생물종의 구제 조치를 마련해야 하며, 나아가 "유전자 침식" 문제와 씨름하고 생명공학 발전을 규제해야 한다.[19]

문제가 이런 식으로 변형되면서 생명정치의 생태학적 판본이 쇠퇴했고, 결국 기술 중심적 판본에 통합되었다. 생태학적 해석은 보수적이고 방어적인 임무, 즉 생명의 자연적인 토대를 보호한다는 목표를 추구했지만, 이에 반해 기술 중심적 해석은 보다 역동적이고 생산적이며, 자연적인 토대의 착취와 결합된다. 이러한 시각에서 볼 때 생태학적인 생명정치 해석은 자연주의 논리에 갇혀 있었다. 왜냐하면 생태학적 해석은 자연적 과정과 사회적 과정의 상호작용을 강조하고, 이를 통해 환경 문제에 대한 올바른 정치적 해법을 모색했기 때문이다. 그렇지만 기술 중심적 생명정치에서 핵심은 독립적인 '자연환경'에 '사회'를 적응시키는 것이 아니며, 과학적·기술적 수단을 통해 환경을 변경하고 변형하는 것이다.

사실 두 해석 방식을 역사적·체계적으로 분리하기는 어렵다. 예를 들어 '친환경'green 유전자 기술이 홍보될 때 그것이 환경·개발 정책의 중요한 문제를 해결한다는 의심스런 구실이 동원된다. 요컨대 생태학적 생명정치와 기술 중심적 생명정치가 결합함으로써, 적어도 강령상 희망찬 세상이 가능하다는 전망이 제시된다. 이러한 세상에서는 생산 수단의 에너지 효율이 추구되고 공해가 줄어들 것이다. 또한 천연자원

19 *Ibid.*, pp. 94~147.

이 보호되고, 식량 생산이 늘어나 기아가 극복될 것이다.[20]

독일의 철학자 폴커 게르하르트[21]는 생명정치의 생태학적 접근과 기술 중심적 접근을 포괄하는 종합적인 정의를 제시한다. 그가 보기에 생명정치는 "세 가지 주요 과업"을 특징으로 하는 "매우 넓은 활동 영역"이다. 여기서 중요한 이슈는 [첫째] "생명의 토대를 생태학적으로 보호하는 것", [둘째] "생명의 이익을 생물학적으로 증진하는 것", [셋째] 의학적 개입으로 생명의 계발을 보장하는 것이다.[22] 마지막 과제가 제기한 도전은 오늘날 생명정치의 범위를 근본적으로 변경하고 확장했다. 게르하르트는 오늘날 생명정치가 "생명과학이 인간을 대상으로 취급할 때 발생하는 각종 문제"를 포함한다고 말한다.[23] 교회의 대표자들에서 맑스주의자들에 이르기까지 이에 대해 회의론과 비관론이 퍼져 있다고 그는 개탄한다. 이런 자들은 "대체로 생명정치를 의심"하며[24] 새로운 기술에 대한 비합리적인 공포를 조장한다.

---

20 이러한 시각에 대한 비판적 고찰로는 Vandana Shiva and Ingunn Moser eds., *Biopolitics: A Feminist and Ecological Reader on Biotechnology*, London: Zed Books/Third World Network, 1995 참조.

21 [옮긴이] 폴커 게르하르트(Volker Gerhardt, 1944~)는 베를린 훔볼트 대학에서 철학을 가르치고 있다. 주요 관심 분야는 윤리학·정치철학·미학·형이상학·신학이며, 인간의 인식론적·도덕적·정치적·미학적 성취를 바탕으로 생명의 본질과 생산주의 문화 사이의 관계를 탐색하고 있다. 2001년부터 2007년까지 독일 국가윤리위원회 위원이었으며, 1997년부터 2000년까지는 생명윤리에 관한 위원회에서 위원장을 역임했다. 생명정치와 관련해서는 인간게놈 프로젝트가 인간의 정체성과 본질, 의식에 미치는 영향을 연구했다.

22 Volker Gerhardt, *Die angeborene Würde des Menschen: Aufsätze zur Biopolitik*, Berlin: Parerga, 2004, S. 32.

23 *Ibid.*, S. 44.

24 *Ibid.*, S. 37.

이 같은 비판자들에게 맞서면서 게르하르트는 정치가 기술의 가능성과 위험에 관한 합리적 토론을 전개해야 한다고 요구한다. 그에 따르면 정치 문화는 개인의 자유를 존중할 필요가 있으며 인간 존재가 그 자체로 목적으로 남아 있도록 관심을 기울여야 한다.[25]

생명정치는 인간으로서 우리 자신을 이해하는 데 어느 정도 영향을 미친다. 그렇기 때문에 우리는 생명정치가 기본적인 자유와 인권에 관한 문제라고 주장해야 한다. 마찬가지로 생명정치는 우리가 우리 자신을 이해하는 데 광범위한 영향을 미칠 수 있기 때문에 그 정치는 우리의 일상과 관련된 개인의 행실conduct에도 영향력을 발휘한다. 생명공학이 사랑의 은밀한 안식처에 속한 문제까지 참견하기를 원하지 않는다면, 무엇보다 우리는 이런 문제를 스스로 결정해야 한다.[26]

이런 주장은 다음 두 가지 이유 때문에 설득력이 떨어진다. 한편으로 대다수 헌법과 법률 문헌이 생존권에 관해 중립적 입장을 취하고 있듯이, 기본적 자유와 인권은 생명공학의 혁신을 보완하거나 바로잡는 데 거의 적합하지 않다. 「세계 인권 선언」 3조는 "개인의 생명·자유·안전"을 보장하고 있고, 대다수 국가의 헌법은 시민의 생명과 건강을 각별히 보호한다. 그런데 이 같은 보장은 생명공학의 선택권을 제한하기

---

25 *Ibid.*, S. 30.
26 *Ibid.*, S. 36.

보다는 오히려 확장한다. 다른 한편으로 자율적인 의사 결정 과정과 개인 선택을 암시하는 것은 전반적으로 너무 제한적이다. 이런 과정들이 일어나는 상황 자체가 새로운 강제를 부과할 수 있기 때문이다. 태아 진단이 보여 주듯이 산전 진단을 할 수 있는 가능성 자체가 당사자에게 결정을 강제하게 만든다. 즉 진단을 할지 하지 않을지를 제약한다. 나아가 산전 진단을 하지 않겠다는 결정도 하나의 결정이며, 이는 산전 진단법이 없어서 무지한 상태와는 다르다. 부모가 산전 진단이나 임신중절을 선택하지 않아서 아이가 육체적·정신적 장애를 안고 태어난다면, 이제 그 책임은 온전히 부모에게 귀속될 수 있다.

여기서 핵심적인 문제는 이 같은 논쟁에 자주 끼어드는 '우리'라는 문제이다. 게르하르트는 물론이고 정치주의 판본의 다른 대표자들도 생명정치의 이러한 이슈를 제대로 다루지 못하고 있다. 그러니까 생명정치의 내용을 결정하는 사람은 누구인가? 또한 자기 삶의 행위conduct를 자율적으로 결정하는 이들은 누구인가? 생명정치를 단순히 전통적인 정치의 한 분야로 해석하는 것은 올바르지 않다. 이러한 해석은 생명 과정을 조절하는 기술의 잠재력이 늘어나도 정치 영역의 본질에 변함이 없다고 간주한다. 하지만 그렇지 않다. 생명정치 문제가 근본적인 까닭은 그것이 정치적 담론의 대상일 뿐만 아니라 정치적 주체 자신을 아우르기 때문이다. 배아 줄기세포는 법적 주체로 간주되어야 하는가, 아니면 생물학적 물질로 여겨져야 하는가? 신경생물학 연구는 인간의 자유의지가 어디까지인지 밝혀내는가? 이들 질문에서 중요한 것은 기술에 대한 단순한 정치적 평가도 아니고, 이해관계들과 가치 체계들이 경합하는 한 영역에서 정치적 타협점을 협상하는 것도 아니다. 정말로 중요한 것은 그러한 의사 결정과 가치평가 과정에 누가 참여해야 하며, 개인의 자유와 책임이라는 규범적 개념이 생물학적 요인과 어떤 식으로 상호작용하느냐라는 문제이다. 이러한 측면에서 생명정치가 규정하는 것은

생명과 [자유로운] 행위 간의 구별이 최초로 **설정되고** 표현되는 경계 영역이다. 이러한 구별은——시민의 의지와 의사 결정권을 발전시키는——정치 자체의 구성적 요소이다. 이러한 측면에서 생명정치는 정치에 부속된 새로운 영역이 아니라, 정치 자체의 핵심에 존재하는 문제적 공간이다.[27]

생명정치는 단순히 생명 과정을 규제하고 통치하는 특정한 정치적 활동이나 정치의 하위 영역을 가리키는 이름이 아니다. 오히려 생명정치의 의미는 정치와 생명, 문화와 자연 사이에 존재하는 언제나 우발적이고 불안정한 차이를 눈앞에 드러낼 수 있는 능력에 놓여 있다. 한편에는 실체가 모호하지만 당연시되는 [생명과 자연의] 영역이 존재하고, 다른 한편에는 도덕적이고 법률적인 [정치와 문화의] 행위 영역이 존재한다. 생명정치는 이런 두 영역의 차이를 가시화하는 것이다.

---

27 Dieter Thomä, "Anmerkungen zur Biopolitik: Zwischen Gentechnologie und 'Kampf der Kulturen'", Theo Steiner Hg., *Genpool: Biopolitik und Körperutopien*, Wien: Passagen, 2002, S. 102(강조는 원문).

그러므로 양자의 차이를 폐기하려는 시도는 한계가 분명하다. 한편에서는 정치[영역]를 보다 엄격하게 한정하고 생물학적 조건에 적응시키려 시도한다. 다른 한편에서는 정치 영역의 확장을 보다 적극적으로 옹호하는데, 이런 입장에서 오늘날 정치 영역은 더 이상 자명하게 주어진 사실들의 문제로 인식되지 않는다. 그것은 과학적·기술적 개입에 개방된 일련의 문제로 확장된다.

생명정치 개념은 정치적인 것의 위상학에 의문을 제기한다. 전통적인 위계에 따르면 정치적인 것은 인간이 단순한 생물학적 존재를 넘어서서 자신을 정치적 동물zoon politikon로 고양하는 것을 말한다. 생명정치가 보여 주는 것은 겉으로는 안정적으로 보이는 자연적인 것과 정치적인 것의 경계가 정치적 행동의 원인이 아니라 실은 결과라는 사실이다. 자연주의 접근이든 정치주의 접근이든 이런 안정적인 경계를 전제해야 한다. 그러나 생명 자체가 정치의 대상으로 등장하게 되면, 그것은 정치적 행동의 토대·도구·목적에 변화를 가져온다. 그리고 미셸 푸코야말로 정치의 본질에서 일어난 이 같은 변화를 누구보다도 명확히 파악한 인물이다.

3장

미셸 푸코
살아 있는 존재의 통치

1970년대에 프랑스의 역사학자이자 철학자인 미셸 푸코는 1~2장에서 논의한 자연주의 및 정치주의 해석과 단절하는 생명정치 개념을 도입했다. 이전에 제시된 생명정치 개념과 달리, 푸코가 묘사하는 생명정치는 정치의 과정과 구조를 생물학적 결정 요인으로 귀착시키려는 시도와 분명히 결별하고 있다. 그와 대조적으로 푸코는 '생명'이 정치 전략의 핵심으로 등장하는 역사적 과정을 분석한다. 그는 정치를 정초하는 몰역사적인 법칙을 상정하는 대신에, 정치적 실천에 존재하는 역사적 단절, 즉 하나의 불연속을 진단한다. 이러한 관점에서 생명정치는 근대의 고유한 권력 행사 방식을 가리킨다.

푸코의 생명정치 개념은 생명 과정을 정치의 토대로 보는 견해에 반대할 뿐만 아니라, 생명을 정치의 대상으로 보는 이론과도 비판적 거리를 유지한다. 그에 따르면 생명정치는 새로운 영역과 문제를 통해 전통적인 정치의 영역과 구조를 보충하는 것이 아니다. 생명정치는 정치의 확장에 기여하는 것이 아니라 오히려 정치의 핵심을 변형한다. 그것이 정치적 주권에 관한 개념들을 재구성해 새로운 종류의 정치적 지식에 종속시키기 때문이다. 생명정치는 [정치적 지식의] 하나의 배치를 가리키며, 그 배치 안에서 근대의 인문·자연과학과 이로부터 유래하는 규범적 개념들이 정치적 행동을 조직하고 그런 행동의 목표를 결정한다. 그렇기 때문에 푸코가 볼 때 생명정치는 생태 위기와는, 혹은 환경 이슈에 대한 점증하는 감수성과는 전혀 무관하다. 또한 생명정치는 새로운 기술의 발전으로도 환원되지 않는다. 오히려 생명정치는 정치 질서의 근본적인 변형을 가리킨다.

> 역사상 처음으로⋯⋯생물학적 삶이 정치적 삶에 반영되었다.⋯⋯하지만 우리가 한 사회의 '근대성의 문턱'이라 부를 수 있는 상태는, 인간의 정치 전략이 그 종의 생명에 달려 있는 시점에 이르러 비로소 등장했다. 아리스토텔레스 이래 수천 년 동안 인간은 정치적 삶을 위한 여분의 능력을 지닌 동물이었다. 하지만 근대인이 [정치적] 동물이라면, 그것은 정치가 인간의 실존을 문제가 되고 있는 살아 있는 존재로 다루기 때문이다.[1]

푸코는 '생명정치'라는 용어를 일관되게 사용하지 않고 여러 텍스트에서 그 의미를 계속해서 바꾼다. 하지만 그가 자신의 작업에서 이

---

1 Michel Foucault, *The History of Sexuality, Vol. 1: An Introduction*, New York: Vintage Books, 1980, pp.142~143[『성의 역사 1권: 지식의 의지』, 이규현 옮김, 나남출판, 2010, 162~163쪽].

개념을 사용한 세 가지 방식을 구분할 수는 있다. 첫째, 생명정치는 정치적 사유와 실천에서 일어난 역사적 단절을 가리킨다. 이러한 단절은 주권권력의 격하와 생명권력 등의 부각을 특징으로 한다. 둘째, 그가 보기에 생명정치 메커니즘은 근대 인종주의가 등장하는 데서 핵심적인 역할을 수행했다. 셋째, 역사적 측면에서 생명정치는——사회의 조절과 개인의 자기 통치에 관한——자유주의 [통치] 방식의 고유한 통치술이다. 하지만 이러한 의미 변화 이외에도 우리를 곤란하게 하는 것이 있는데, 그것은 푸코가 '생명정치'라는 용어와 더불어 '생명권력' biopouvoir이라는 표현도 때때로 사용한다는 점이다. 두 용어를 엄밀하게 구별하지 않은 채로 말이다. 이 장에서 나는 생명정치의 세 차원을 간략히 살펴본 다음, 생명정치적 투쟁이라는 맥락에서 저항의 역할을 논의할 것이다.

1. 살게 만들고 죽게 내버려 두다

푸코의 작업에서 생명정치 개념은 1974년에 행한 강의에 처음 등장하지만,[2] 그것이 체계적으로 도입된 것은 1976년 콜레주 드 프랑스 강의와 『성의 역사』 1권이다.[3] 이들 작업에서 푸코는 다양한 권력 메커니즘

---

2 Foucault, "The Birth of Social Medicine", *Power: Essential Works of Michel Foucault*, Vol. 3, New York: New Press, 2000, p. 137.

3 Foucault, *Society Must Be Defended: Lectures at the Collège de France, 1975~76*, New York: Picador, 2003[『"사회를 보호해야 한다": 콜레주드 프랑스 강의 1975~76년』, 김상운 옮김, 난장, 2015]; Foucault, *The History of Sexuality*, Vol. 1[『성의 역사 1권』].

을 분석적·역사적으로 구분하는 동시에 주권권력을 '생명권력'과 대비시킨다. 푸코가 보기에 주권권력은 '징수'의 형태, 즉 재산·상품·용역의 수탈로 작동하는 권력 관계를 특징으로 한다. 이러한 권력 테크놀로지의 고유한 특징은 극단적인 경우 신민의 생명을 처분할 수 있다는 사실에서 비롯한다. 군주의 이러한 '생사여탈권'은 실제로는 상당한 제약을 지니고 있어서 사실상 발휘되기 어려웠지만, 그럼에도 불구하고 이는 본질상 몰수권 형태로 행사되는 권력 형태의 극단적 지점을 상징했다. 푸코의 해석에 따르면 이러한 고전적인 죽일 권리는 17세기 이래 심대한 변형을 경험하고, 점차 생명을 관리하고 보호하고 계발하고 육성하려는 새로운 권력 형태로 보완된다.

'징수'는 더 이상 주요한 권력 형태이기를 그치고, 그저 다른 권력 형태들 가운데 하나가 된다. 이들 [새로운] 권력 형태는 자신이 관할하는 힘들을 촉진하고 강화하고 통제하고 감독하고 최대화하고 조직하려고 한다. 여기서 권력은 힘들을 가로막고 복종시키고 파괴하기보다는 힘들을 생성하고 성장시키고 배치하려고 애쓴다.[4]

생명권력이 주권권력을 통합한 것은 그저 정치 안에서만 일어난 변형이 아니다. 오히려 그 자체가 몇 가지 중요한 역사적 변형의 산물이다. "생명이 역사에 등장하는"[5] 현상에는 18세기 들어 증대된 산업

---

4 Foucault, *The History of Sexuality*, *Vol. 1*, p. 136[『성의 역사 1권』, 155쪽].

및 농업 생산뿐만 아니라, 점차 성장 중이던 인체에 대한 의학적·과학적 지식도 결정적인 영향을 미쳤다. 당시까지만 해도 역병·질병·기근의 형태로 "생물학적 현상이 역사적인 것에 가하는 압력"[6]이 상당한 수준이었지만, 이제는 기술적·과학적·사회적·의학적 혁신이 "생명을 그런대로 통제할 수 있게 만들었다.……이러한 [생명과 관련된] 영역을 정복하고 확장하고 조직하는 행위movement 영역에서 권력과 지식의 전술method이 생명 과정을 담당하게 되었고 또한 그것을 통제하고 수정하게 되었다".[7]

푸코가 보기에 주권권력은 생사여탈을 결정하지만 생명권력의 특징은 삶을 육성하는 것 혹은 죽음을 허락하지 않는 것이다.[8] 죽음을 지배하는 억압적 권력이 삶을 지배하는 권력——법적 주체가 아니라 살아 있는 존재를 다루는 권력——에 종속된다. 푸코는 생명을 지배하는 이러한 권력의 "두 가지 기본 형태", 즉 개별 신체의 훈육discipline과 인구의 조절·통제를 구별한다.[9] 개인의 신체를 감독하고 통제하는 훈육 테크놀로지는 이미 17세기에 출현했다. 이러한 "인간 신체에 대한 해부정치anatomo-politique"[10]는 인간의 신체를 복잡한 기계로 간주하는데, 이것은 지각의 격자perceptual grid와 육체의 습관physical routine을 억압

---

5 *Ibid.*, p. 141[같은 책, 161쪽].
6 *Ibid.*, p. 142[같은 책, 161쪽].
7 *Ibid.*, p. 142[같은 책, 162쪽].
8 Foucault, *Society Must Be Defended*, p. 241[『"사회를 보호해야 한다"』, 289쪽].
9 Foucault, *The History of Sexuality, Vol. 1*, p. 139[『성의 역사 1권』, 158쪽].
10 *Ibid.*, p. 139[같은 책, 158쪽].

하거나 은폐하는 대신에 그것을 구성하고 조직하는 식으로 작동한다. 노예제나 농노제 같은 보다 전통적인 지배 방식과 달리, 훈육은 신체의 경제적 생산성을 증대시키는 동시에 정치적 예속을 보장하는 자신의 강제력은 약화시킨다. 정확히 이러한 경제적 요구와 정치적 요구가 결합함으로써 훈육이라는 형태가 출현하며, 훈육의 지위가 하나의 테크놀로지로 확립된다.

훈육과 관련된 역사적 시기는 인체에 대한 하나의 기술이 탄생한 시기였다. 이러한 기술은 단순히 인체의 숙련을 증대하거나 종속을 강화하려고만 하지 않았다. 나아가 이러한 기술은 그 자체의 메커니즘 안에 인체가 유용해질수록 점점 더 유순해지고 그 반대도 마찬가지인 하나의 [긍정적 상관] 관계를 설정하려 했다.[11]

18세기 후반에는 또 다른 권력 테크놀로지가 출현했는데, 이 테크놀로지는 개인의 신체가 아니라 인구라는 집합적 신체를 겨냥했다. 푸코는 '인구'를 법적이거나 정치적인 실체(예를 들어 개인들의 총합)가 아니라 하나의 독립된 생물학적 집합체corpus로 파악했다. '사회적 신체'로서 인구는 자신만의 과정과 현상을 특징으로 하는데, 예컨대 출생률과 사망률, 건강 상태와 [기대]수명, 부의 생산과 유통이 그런 특징이

---

11 Foucault, *Discipline and Punish: The Birth of the Prison*, New York: Vintage Books, 1977, pp. 137~138[『감시와 처벌: 감옥의 역사』, 오생근 옮김, 나남출판, 2003, 217쪽].

다. 여기서 '안전 테크놀로지'는 인구의 구체적인 생명 과정 전체를 표적으로 삼는다.[12] 이러한 테크놀로지는 인구의 고유한 집단 현상과 변동 조건을 겨냥하는데, 그 목적은 생물학적 실체로서 인구가 유발하는 위험danger과 리스크를 예방하거나 상쇄하는 것이다. 이때 훈육과 감독 대신에 조절과 통제가 주요 수단으로 사용된다. 이들 수단은 "개인을 훈련시키는 것이 아니라 내부의 위험에서 전체의 안전을 보호하는 전반적 균형을 달성함으로써 일종의 항상성을 확립하려는 테크놀로지"로 정의된다.[13]

이처럼 훈육 테크놀로지와 안전 테크놀로지는 목적과 수단도 다르고 역사적으로 출현한 시기도 다르다. 그뿐 아니라 양자는 제도적으로 안착된 장소도 다르다. 훈육은 군대·감옥·학교·병원과 같은 제도 내부에서 발전했지만, 인구 조절은 18세기 이후 국가에 의해 조직되고 집중되었다. 이와 관련해 인구 자료 수집이 중요했는데, 예컨대 자원 목록과 통계 자료가 기대수명과 질병 빈도와 연결되었다. 그러므로 여기서 우리는 두 가지 계열, 즉 "신체-유기체-훈육-제도라는 계열과 인구-생물학적 과정-조절 메커니즘-국가라는 계열"을 구별할 수 있다.[14]

하지만 생명정치를 구성하는 두 요소의 차이에 신중하게 접근해야 한다. 푸코는 훈육과 통제가 "수많은 매개 관계를 통해 연결되는 발달의 양극兩極"을 구성한다고 강조한다.[15] 따라서 훈육과 통제는 독립된

---

12 Foucault, *Society Must Be Defended*, p. 249[『"사회를 보호해야 한다"』, 298쪽].
13 *Ibid*., p. 249[같은 책, 298쪽].
14 *Ibid*., p. 250[같은 책, 299쪽].

실체가 아니라 서로를 규정한다. 따라서 훈육은 이미 존재하고 있는 개인들에게 적용되는 개별화 형식이 아니며, 오히려 다양체를 전제한다.

이와 비슷하게 인구는 개별화된 실존 양상들을 새로운 정치 형태로 결합하고 결집한다. 이에 따라 '개인'과 '집단'은 [대립하는] 양극단이 아니라, 개별 신체로서 인간과 종으로서 인간을 동시에 통제하는 포괄적인 정치 테크놀로지의 두 측면이 된다.[16] 나아가 두 정치 테크놀로지의 구별은 역사적인 이유 때문에 유지될 수 없다. 예를 들어 18세기에 내치police는 훈육장치로 작동하면서 동시에 국가장치로 기능했다. 19세기에 국가 조절은 시민사회에 속한 일련의 제도에 의존했는데, 여기에는 보험, 위생-의료 제도, 상호부조 조직, 박애 협회 등이 해당했다. 19세기를 거치면서 두 가지 권력 형태가 서로 접합되었고, 이는 푸코가 '장치'dispositif로 기술한 모습을 띠게 되었다.

푸코는 이러한 배경에서 '섹슈얼리티 장치'가 결정적인 위치를 점한다고 본다. 그는 『성의 역사』 1권에서 섹슈얼리티 장치를 집중적으로 검토하는데, 그가 섹슈얼리티에 관심을 보이는 이유는 권력의 두 형태 사이에서 그것이 "양 축의 중심"에 위치하기 때문이다.[17] 섹슈얼리티는 일종의 육체적 행위로서, 이는 규범적 기대를 불러일으키고 감시 및 훈육 조치의 대상이 된다. 뿐만 아니라 섹슈얼리티는 재생산이라는 목적

---

15 Foucault, *The History of Sexuality, Vol. 1*, p. 139[『성의 역사 1권』, 158쪽].

16 Foucault, *Society Must Be Defended*, pp. 242~243[『"사회를 보호해야 한다"』, 290~292쪽] 참조.

17 Foucault, *The History of Sexuality, Vol. 1*, p. 145[『성의 역사 1권』, 166쪽].

때문에 중요하다. 그것은 인구의 생물학적 과정과 밀접히 관련된다.[18] 요컨대 섹슈얼리티는 특권적 지위를 점하는데, 이는 그것이 신체라는 미시적인 수준과 인구라는 거시적인 수준 모두에 영향을 미치기 때문이다. 한편으로 섹슈얼리티는 "개인성의 흔적"으로 간주된다. 드러나는 행위 "이면"에 존재하고, 말해진 단어 "아래"에 존재하며, 사람들이 숨겨진 욕망과 성적인 동기를 탐색하는 꿈 "속"에 존재하는 것이다. 다른 한편으로 섹슈얼리티는 "도덕과 책임의 기준을 고양하기 위한 정치적 활동opération, 경제적 개입……이데올로기적 캠페인의 테마"가 된다. "섹슈얼리티는 사회의 건강을 가늠하는 지표로 제시되며, 사회의 정치적 에너지와 생물학적 활력을 보여 준다."[19]

이러한 맥락에서 규범norm 개념이 결정적인 역할을 수행한다. 고대적인 '생사여탈권'이 이원적인 법률 코드에 기초해 작동했다면, 생명정치는 [주권의 법률적] '권리'가 '규범'에 의해 점차 대체되는 흐름을 보여 준다. 주권자[군주]의 절대적 권리는 계산하고 측정하고 비교하는 상대적 논리로 대체되는 경향이 존재한다. 자연법에 따라 규정되던 사회는 '규범화하는 사회'로 변화한다.

문제는 더 이상 주권의 영역에서 죽음을 동원하는 것이 아니다. 이제는 가치와 효용의 영역에서 삶을 분배하는 것이 중요해진다. 그러한

---

18 Foucault, *Society Must Be Defended*, pp. 251~252[『"사회를 보호해야 한다"』, 300~302쪽].
19 Foucault, *The History of Sexuality, Vol. 1*, p. 146[『성의 역사 1권』, 166쪽].

권력은 잔인한 광채를 통해 자신을 드러내기보다는 자격을 부여하고 측정하고 평가하고 위계화해야 한다. 또한 권력은 주권자[군주]의 충성스런 신민과 적을 구분하기 위해 경계를 설정할 필요가 없다. 대신에 그것은 규범[정상]을 둘러싼 분포에 영향을 미친다.[20]

하지만 근대 정치가 경향적으로 생명정치가 된다는 푸코의 주장은 주권과 '죽음에 대한 권력'이 아무 역할도 하지 못한다는 뜻이 아니다. 정반대로 주권자의 '죽일 권리'는 사라지지 않고, 대신에 생명을 유지하고 계발하고 관리하려는 권력에 귀속된다. 이를 통해 죽음에 대한 권력은 기존의 모든 경계에서 자유로워지는데, 그 권력이 생명의 이해관계에 도움이 된다고 간주되기 때문이다. 중요한 것은 더 이상 주권자의 법률적 존재가 아니라 인구의 생물학적 생존이다. 여기서 생명정치는 다음과 같은 역설을 내포하게 된다. 즉 생명의 안전과 개선이 정치 권력의 문제로 등장할수록, 지금까지는 상상할 수 없었던 기술적·정치적 파괴 수단이 점점 더 생명을 위협하게 된다는 것이다.

19세기 이래 전쟁은 전례 없이 잔혹해졌으며……그 이전까지는 체제가 자신의 인구를 그토록 대량으로 살상한 경우도 없었다.……생존의 요구라는 명분으로 전체 인구가 대량 도살이라는 목적에 동원되었다. 대규모 학살이 활개를 치게 된 것이다. 다수의 체제가 생명과 생존을,

---

20 Foucault, *The History of Sexuality, Vol. 1*, p. 144[『성의 역사 1권』, 164쪽].

신체와 인종을 관리한다는 명목으로 수많은 전쟁을 치를 수 있었고, 그리하여 수많은 인간을 살해했다.[21]

푸코는 그 근거를 근대 인종주의에서 확인한다. 근대 인종주의가 "생명권력의 경제에서 죽음-기능"을 담보한다는 것이다.[22]

2. 인종주의와 죽일 권력

『성의 역사』 1권에서 푸코는 주권권력과 생명권력의 차이에 주목했지만, 1976년 콜레주 드 프랑스 강의에서는 다른 출발점을 선택한다. 여기서 생명정치는 "근대성의 생물학적 문턱"[23]이기보다는 "살아야 할 운명과 죽어야 할 운명의 단절"[24]을 가리킨다. 푸코의 잠정적인 주장은 주권권력이 생명권력으로 변형되면서 결국 정치-군사 담론이 인종주의-생물학 담론으로 변한다는 것이다. 정치-군사 담론은 17~18세기에 등장해 "국왕의 권력에 도전"하려고 했다.[25] 이러한 담론은 미국 독립 전쟁에 앞서 영국의 청교도 반란에서 나타났으며 곧이어 프랑스에서는 루이 14세와 반목한 귀족들이 그것을 동원했다. 이 과정에서 '인종' 이라는 표현은 매우 초기에 등장했지만 아직까지는 생물학적 의미와

---

21 *Ibid.*, pp. 136~137[같은 책, 155~156쪽].
22 Foucault, *Society Must Be Defended*, p. 258[『"사회를 보호해야 한다"』, 308쪽].
23 Foucault, *The History of Sexuality, Vol. 1*, p. 143[『성의 역사 1권』, 163쪽].
24 Foucault, *Society Must Be Defended*, p. 254[『"사회를 보호해야 한다"』, 305쪽].
25 *Ibid.*, p. 58[같은 책, 80쪽].

연결되지 않았다. 오히려 애초에 이 표현은 특수한 역사적-정치적 분열 상태를 가리켰다. 여기에 포함된 기본 관념을 살펴보면, 사회란 대립하는 두 진영 혹은 적대적인 사회 집단으로 분할되어 있는데, 이들 집단은 같은 영토에 공존하고 있지만 서로 혼합되지 않으며, 지리적 기원이나 언어, 종교 등을 통해 명확히 구분된다는 것이다. 이 같은 '대항 담론'은 대체로 주권권력의 정당성과 법률이 가지고 있다고 전제된 보편성에 반대했는데, 그것들이 전제 정치의 특수한 규범과 형태에 불과하다고 공격했다.

푸코에 따르면 이러한 역사적-비판적 담론은 19세기에 "두 가지 종류의 각색"을 경험했다.[26] "인종 전쟁" 담론은 우선 "공공연한 생물학적 각색"을 경험했는데, 이 각색은 다윈보다도 먼저 유물론적 해부학과 생리학의 요소에 의존했다.[27] 이 역사적-생물학적 인종 이론은 사회 갈등을 '생존 투쟁'으로 간주하고 그것을 진화론의 도식에 따라 분석한다. 두번째 변형에서 '인종 전쟁'은 계급 투쟁으로 해석되며 변증법의 원리에 따라 탐구된다. 혁명 담론은 19세기의 시작과 함께 출현했으며, 이를 통해 사회 계급이라는 주제가 정치적으로 규정된 '인종' 문제를 차츰 대체했다.[28]

푸코에 따르면 '인종 전쟁'의 정치적 문제 설정이 두 가지 방식으로 '개조'된 결과 19세기 말에 생물학적-사회적 담론이 탄생한다. (19세기

---

26 Foucault, *Society Must Be Defended*, p. 60[『"사회를 보호해야 한다"』, 83쪽].

27 *Ibid.*, p. 60[같은 책, 83쪽].

28 *Ibid.*, pp. 61, 78~80[같은 책, 84, 103~105쪽].

를 거치면서 비로소 현재와 같은 의미를 띠게 된) 이러한 '인종주의'는 사회 혁명의 도전에 직면해 그 응답으로 생물학적 관념의 요소들을 끌어들였다. 살육·승리·패배를 동반한 전쟁이라는 역사-정치적 주제의 자리에 삶을 향한 투쟁이라는 진화-생물학적 모델이 들어선다. 푸코에 따르면 이 같은 "역동적인 인종주의"[29]는 "대단히 중요"하다.[30] 그것이 생명권력의 조건 아래 살육의 기능을 보장하는 테크놀로지를 배양하기 때문이다. "어떻게 생명권력이 죽음을 자행할 수 있을까요? 생명권력의 기본 기능이 삶의 개선과 연장, 생존 기회의 증진, 재해의 감소, 결함의 보상에 있다면……다른 곳이 아니라 바로……이 지점에서 인종주의가 끼어듭니다."[31]

인종주의는 생명권력의 경제에서 중요한 두 가지 기능을 수행한다. 첫째, 인종주의는 사회의 영역 안에 균열들을 만들어 내는데, 이러한 균열들은 (인구나 전체 인류처럼) 원칙상 동질적인 생물학적 전체로 상상된 것을 분할한다. 이런 식으로 '인종들'은 좋고 나쁜 것, 고귀하고 천박한 것, 진화하고 퇴보하는 것으로 분화될 수 있으며, 따라서 "살아야 할 운명과 죽어야 할 운명 사이에" 경계선이 그어진다.[32] 사실 "생물

---

29 Foucault, *The History of Sexuality, Vol. 1*, p. 125[『성의 역사 1권』, 145~146쪽].
30 Foucault, *Society Must Be Defended*, p. 256[『"사회를 보호해야 한다"』, 306쪽].
31 *Ibid.*, p. 254[같은 책, 304쪽].
32 *Ibid.*, p. 254[같은 책, 305쪽]. 여기서 푸코는 죽음을 광범위한 의미로 이해한다. 죽음은 육체적 살해뿐만 아니라 모든 사회적·정치적 형태로 확장된다. 푸코는 후자의 특징을 "간접 살해"라고 묘사했다. 간접 살해는 "누군가를 죽음에 노출시키는 것, 어떤 사람들에게 죽음의 위험을 높이는 것, 간단히 말해 정치적 죽음·추방·배제 등"을 가리킨다(*Ibid.*, p. 256[같은 책, 306~307쪽]).

학적 연속체를 쪼개기 위해서는, 즉 분할하기 위해서는" 그보다 먼저 그러한 연속체가 창조되어야 한다.[33] 전통적인 담론에서 인종 전쟁은 서로 대립하는 두 인종으로 분할된 이원적인 사회라는 관념으로 특징 지어지지만, 19세기를 거치면서 "그와 대조적으로 생물학적으로 단일 한" 사회라는 관념이 들어선다.[34] 복수의 인종이라는 관념은 외부가 아니라 내부에서 위협을 받는 단일한 인종이라는 관념으로 변화한다. 그 결과 등장한 것이 "[단일한] 사회가 자기 자신과 대립하고 자신의 요소 들과 대립하며 자신의 산물과 대립해 행사하는 인종주의"이다. "이는 끝없이 정화를 추구하는 내부의 인종주의이며, 사회적 규범화[정상화] 의 기본 차원 가운데 하나가 될 것입니다."[35] 이러한 시각에서 보면 동 질화와 위계화는 서로 대립하는 것이 아니라 상호 보완적인 전략에 해 당한다.

인종주의의 두번째 기능은 보다 멀리 나아간다. 인종주의는 단순 히 "건강"과 "병듦", "가치 있는 삶"과 "가치 없는 삶"을 구분하는 선을 확립하는 데 그치지 않고 "다음과 같은 실증적 관계를 확립"하고자 한 다. "더 많은 사람을 죽일수록 당신은 점점 더 많이 죽게 만들 것이다" 혹은 "더 많은 사람을 죽게 내버려 둘수록 당신은 더 오래 살게 될 것이 다".[36] 따라서 인종주의는 어떤 사람의 삶과 다른 사람의 죽음이 역동적

33 Foucault, *Society Must Be Defended*, p. 255[『"사회를 보호해야 한다"』, 305쪽].
34 *Ibid.*, p. 80[같은 책, 106쪽].
35 *Ibid.*, p. 62[같은 책, 85쪽].
36 *Ibid.*, p. 255[같은 책, 305쪽].

인 관계를 맺도록 촉진한다. 인종주의는 "살 가치가 있는 사람들"을 위계화할 뿐만 아니라, 어떤 사람의 건강을 다른 사람의 죽음과 직접적으로 관련시킨다. 인종주의는 생명을 개선한다는 명분으로 타자를 식별하고 배제하고 공격하고 심지어는 살해할 수 있는 이데올로기적 토대를 마련한다. "타자가 죽는다는 사실은 단순히 그가 죽으면 내가 안전하므로 내가 살아남는다는 뜻이 아닙니다. 타자가 죽고, 부적합한 인종이 죽고, 열등한 인종(즉 퇴보한 인종, 비정상적인 인종)이 죽으면 생명이 전반적으로 훨씬 건강해진다는 것입니다."[37]

사회를 생물학적 전체로 바라보는 관념은 중앙집권적 권위의 설립을 전제한다. 이러한 권위는 사회를 통치하고 통제하며, 사회의 순수성을 보호하고, 사회의 경계 안팎에 있는 '적'에 대항할 만큼 충분히 강하다. 이것이 바로 근대 국가이다. 푸코는 인종주의가 늦어도 19세기 말 이후 국가 활동의 합리성을 주도했다고 주장한다. 인종주의는 "국가 인종주의"[38]의 정치적 수단과 구체적 정책을 통해 모습을 드러낸다. 역사적-정치적 인종 담론이 여전히 (국가장치는 한 집단이 다른 집단을 지배하는 도구일 뿐이라면서) 국가와 국가장치에 대항했지만, 그리고 (법률은 자신의 당파성을 은폐한다면서) 국가의 법률에 도전했지만, 인종 담론은 최종적으로 국가의 수중에 무기를 쥐어 준다.

---

37 *Ibid.*, p. 255[같은 책, 306쪽].
38 *Ibid.*, p. 261[같은 책, 312쪽].

국가는 더 이상 한 인종이 다른 인종에 대항하는 데 활용하는 도구가 아닙니다. 국가는 인종의 고결함·우월함·순수함의 수호자이며 수호 자여야 합니다. 순수한 인종이라는 관념은 인종이 완전히 단일하고, 국가에 의해 통제되며, 생물학적이라는 뜻을 내포합니다. 이 순수한 인종이라는 관념이 인종 투쟁이라는 관념을 대체합니다. 제가 보기에 인종주의는 순수한 인종이라는 테마가 인종 투쟁이라는 테마를 대체 하는 순간에 탄생합니다.[39]

푸코는 인종주의 담론이 20세기 들어 독일의 나치와 소련의 국가 사회주의state socialism를 통해 두 번의 추가적 변형을 겪는다고 지적한 다. 나치의 민족사회주의National Socialism는 외부를 향해 제국주의 팽 창을 개시하고 내부에 존재하는 적을 공격할 목적으로 오래된 인종 전 쟁 테마를 되살렸다. 민족사회주의의 특징은 "우월한 혈통을 몽상적으 로 고양하는 데 있다. [이것의—렘케] 함의는 타자에 대한 체계적인 대 량 학살과 자기 자신을 총체적 희생에 노출시킬 위험이다".[40] 이와 달리 소비에트 인종주의에는 그러한 과장된 계기가 없었다. 대신에 소비에 트 인종주의는 의학 경찰이라는 독특한 수단을 활용했다. 계급 없는 사 회라는 유토피아는 국가사회주의에서 사회 정화라는 기획을 통해 실 현되어야 했다. 이 상황에서는 지배 이데올로기에서 벗어난 모든 사람

---

39 Foucault, *Society Must Be Defended*, p. 81[『"사회를 보호해야 한다"』, 106쪽].
40 Foucault, *The History of Sexuality, Vol. 1*, p. 150[『성의 역사 1권』, 170쪽].

이 '병들'거나 '미친' 것으로 취급되었다. 국가 인종주의의 이 변종에서 계급의 적은 생물학적으로 위험한 사람이 되었고, 이들은 사회적 신체에서 제거되어야 했다.[41]

인종주의에 관한 푸코의 분석은 제한적이고 선별적이라고 비판받아 왔는데 이는 정당한 비판이다. [예를 들어] 푸코의 논의는 식민주의 문제를 피상적으로만 언급할 뿐 체계적으로 다루기 않는다. 푸코는 국가nation, 시민권, 인종주의의 밀접한 상호 관계를 인식하지 못했으며, 인종 담론에 포함된 성적 요소에도 관심을 보이지 않았다.[42] 이러한 빈틈과 결함에도 불구하고 근대 인종주의에 대한 푸코의 계보학은 다양한 분석적 장점을 지닌다. 첫째, 푸코는 인종주의가 이데올로기적 구성물이 아니고, 예외적 상황도 아니며, 사회적 위기에 대한 반응도 아니라고 생각했다. 그가 보기에 인종주의는 사회 안에 있는 분열이 표출된 것으로, 이 분열은 사회적 신체의 정화——계속 진행 중이지만 결코 완료되지 않을——라는 생명정치적 관념에 의해 촉발된다. 인종주의는 개인의 행동에 의해 규정되지 않는다. 대신에 인종주의는 사회적 행위 영역들을 조직하고, 정치적 실천을 이끌며, 국가장치를 통해 실현된다.

둘째, 푸코는 보수 진영과 비판 진영 사이에 존재하는 전통적인 정치적 구분에 도전한다. 처음에 인종 전쟁 관념은 기존에 확립되어 있던

---

41 Foucault, *Society Must Be Defended*, pp. 82~83[『"사회를 보호해야 한다"』, 107~109쪽].

42 푸코의 인종주의 분석에 대한 비판으로는 Ann Laura Stoler, *Race and the Education of Desire: Foucault's "History of Sexuality" and the Colonial Order of Things*, Durham, NC: Duke University Press, 1995; Simona Forti, "The Biopolitics of Souls: Racism, Nazism, and Plato", *Political Theory*, 34(1), 2006, pp. 9~32 참조.

주권권력 및 그 권력의 자기 재현self-representation과 정당화 원리에 대항한 담론이었다. 푸코가 밝혀낸 "각색들"을 거치면서,[43] 정치적 해방 기획은 생물학적 순수성에 연계된 인종주의 기획으로 변한다. 예언적-혁명적 비전은 규범을 따르는 의학적-위생적 순응으로 변형된다. 사회와 그것의 제약에 대한 투쟁은 생물학적 위험에 맞서 '사회를 보호해야 한다'는 요청에 이르게 된다. 권력에 대항한 담론이 권력의 담론으로 변질된 것이다. "인종주의는 문자 그대로 뒤집힌 형태의 혁명 담론입니다."[44] 푸코의 분석이 주목하는 지점은 인종 담론이 갖고 있는 "전술적인 다가성多價性"[45]과 내적인 변형 능력이다. 푸코의 방식을 따라 우리는 오늘날 신인종주의의 일부 전략을 설명할 수 있다. 최근의 신인종주의는 종족 집단, 민족people, 사회 집단 간의 생물학적 차이가 아니라 이른바 근본적인 문화 차이를 전략적으로 강조한다.

3. 정치경제학과 자유주의 통치

1978~1979년의 콜레주 드 프랑스 강의에서 푸코는 생명정치 테마를 보다 복잡한 이론 체계 안에 위치시킨다. 강의 도중에 그는 인간 존재를 지도하는 "어떤 정치적 지식의 발생"을 검토하는데, 이 지식은 고대 [그리스·로마] 시대에서 출발해 근대 초기의 관념인 국가이성과 '내치

---

43 Foucault, *Society Must Be Defended*, p. 60[『"사회를 보호해야 한다"』, 83쪽].
44 *Ibid.*, p. 81[같은 책, 106~107쪽].
45 Foucault, *The History of Sexuality, Vol. 1*, p. 100[『성의 역사 1권』, 117쪽].

학'Polizeywissenschaft을 거쳐 자유주의 이론과 신자유주의 이론에 도달한다.[46] 이 강의의 핵심에는 통치라는 개념이 있다. 푸코는 통치라는 용어의 "의미를 매우 포괄적으로" 제시하며, 이 용어가 18세기 말까지 지녔던 갖가지 의미를 수용한다.[47] 요즘은 통치라는 용어가 순전히 정치적인 의미를 띠고 있지만, 푸코가 보기에 적어도 18세기까지는 통치의 문제가 보다 광범위한 맥락에서 등장했다. 통치는 정치 팸플릿뿐만 아니라 철학·종교·의학·교육 문헌에서도 논의되었다. 통치는 국가나 행정에 의한 관리뿐 아니라, 자아를 통제하고 가족과 아동을 지도하고 가계를 관리하고 정신을 수양하는 등의 문제도 다루었다.[48]

생명정치는 이러한 통치 분석론에서 결정적인 의미를 차지한다. (1979년 강의의 제목인) '생명정치의 탄생'은 자유주의 통치 방식의 등장과 밀접하게 연관되어 있다. 푸코는 자유주의를 경제 이론이나 정치 이데올로기가 아니라 인간을 통치하는 특수한 기술로 이해한다. 자유주의가 도입한 통치 합리성은 중세의 지배domination 개념뿐만 아니라 근대 초의 국가이성과도 구별된다. 자유주의가 도입한 것은 통치 실천의 토대와 경계를 구성하는 사회의 자연[본성]이라는 관념이다.

---

46 Foucault, *Security, Territory, Population: Lectures at the Collège de France, 1977 ~78*, New York: Palgrave Macmillan, 2007, p. 363[『안전, 영토, 인구: 콜레주 드 프랑스 강의 1977~78년』, 오트르망 옮김, 난장, 2011, 485쪽].

47 Foucault, "The Subject and Power", *Power: Essential Works of Michel Foucault*, Vol. 3, p. 341.

48 푸코적 통치 개념에 대한 상세한 설명으로는 Thomas Lemke, *Eine Kritik der politischen Vernunft: Foucaults Analyse der modernen Gouvernementalität*, Hamburg: Argument, 1997 참조.

이러한 자연 개념은 전통의 계승이나 전근대의 유물이 아니며, 오히려 정치적 사유의 역사에서 일어난 중요한 역사적 단절을 보여 주는 것이다. 중세에 좋은 통치는 신의 의지를 따르는 자연 질서의 일부였다. 국가이성은 이러한 중세적 자연 관념——정치적 행위를 한정하고 이를 우주론적 연속체 안에 위치시켰던 관념——과 단절한다. 대신에 국가이성은 무신론이라는 비난을 초래한 인공물인 '리바이어던'을 제안한다. [하지만] 자연은 중농주의와 정치경제학을 통해 정치적 행위의 준거점으로 되살아난다. 그러나 이제 자연은 창조의 신성한 질서나 우주론적 원리와 무관한 별개의 개념이 된다. 자유주의적 사유의 중심에는 당시까지 알려지지 않았던 자연이 존재하는데, 이것은 삶과 생산의 관계가 근본적으로 변형됨으로써 나타난 역사적 산물이다. 이것이 바로 발달 중에 있던 시민사회라는 "제2의 자연"이다.[49]

정치경제학은 18세기에 대두한 대표적인 지식 형태로, 중상주의자들과 관방학자들이 견지했던 경제 규제라는 도덕주의적이고 경직된 원칙을 폐기하고 '자연' 가격에 기초한 시장의 자생적 자기 조절이라는 관념을 도입했다. 애덤 스미스와 데이비드 흄, 애덤 퍼거슨 같은 저자들은 통치 실천에 고유한 자연[본성]이 존재하며 정부가 운영상 그러한 자연[본성]을 준수해야 한다고 생각했다. 따라서 통치 실천들은 자신이 구성한 자연법칙들을 준수해야 한다. 이러한 이유로 통치 원리는 [도덕적인 규제 같은] 외부에서 작용하는 조화로부터 [시장 같은] 내부에서

---

49 Foucault, *Security, Territory, Population*을 보라.

작동하는 조절로 이동한다. 통치 행위의 잣대는 더 이상 정당성 여부가 아니라 성공과 실패가 된다. 또한 [통치에 대한] 사유는 권력의 남용이나 오만이 아니라 권력 행사와 관련된 무지에 초점을 맞추게 된다.

그리하여 정치경제학은 진리의 문제와 자기 한정self-limitation의 원칙을 통치술에 처음으로 도입한다. 따라서 이제 중요한 것은 과연 군주가 신성하고 자연적이며 도덕적인 법칙에 따라 통치하는지 여부가 아니다. 오히려 이제는 통치 행위의 토대와 한계를 규정하는 "사물들의 자연적 질서"를 조사하는 것이 필수적인 일이 된다. 18세기 중반 본격적으로 등장한 새로운 통치술은 더 이상 국가 권력의 극대화를 추구하지 않는다. 그 대신 새로운 통치술은 "경제적 통치"를 통해 작동하는데, 경제적 통치는 통치 행위를 분석해 그것이 필수적이고 유용한지 아니면 불필요하거나 심지어는 해로운지를 밝혀낸다. 자유주의 통치술은 정당한true 국가가 아니라 사회[라는 자연]를 논의의 출발점으로 삼아 다음과 같은 질문을 던진다. "어째서 통치가 반드시 필요한가? 무엇이 통치를 필수적인 것으로 만드는가? 자신의 정당성을 확보하려면 통치는 사회와 관련해 어떤 목적을 추구해야 하는가?"[50]

그러나 이러한 역사적 변화에도 불구하고 국가 권력은 전혀 위축되지 않는다. 자연에 의존함으로써 자유주의는 역설적으로 [과거의] 자연에서, 더 정확히 말하면 영원하고 신성하며 변치 않는 자연이라는 특

---

50 Foucault, *The Birth of Biopolitics: Lectures at the Collège de France, 1978~79*, New York: Palgrave Macmillan, 2008, p. 319[『생명관리정치의 탄생: 콜레주 드 프랑스 강의 1978~79년』, 오트르망 옮김, 난장, 2012, 438쪽].

수한 자연 개념에서 벗어난다. 자유주의자들에 따르면 자연은 원칙적으로 개입이 불가능하거나 금지된 자율적 영역이 아니다. 자연은 통치 실천이 적용되는 물질적 기층substratum이 아니며, 오히려 그 실천의 영원한 상관물이다. 국가 개입은 사회적 사실이라는 자연을 고려해야 하므로 국가 개입에 '자연적' 한계가 존재하는 것은 맞다. 그럼에도 불구하고 이 같은 분할선은 부정적인 경계선이 아니다. 정확히 인구라는 '자연'이 여태까지 알려지지 않았던 일련의 개입 가능성을 도입하기 때문이다. 이러한 개입이 반드시 직접적인 금지나 규제 같은 방식을 취할 필요는 없다. [직접적인] 지배, 지시, 명령보다 [간접적인] '자유방임' laisser-faire, 촉진, 장려가 더욱 중요해진다.[51]

이러한 맥락에서 푸코는 자신이 이전 작업에서 사용했던 안전 테크놀로지 개념에 새로운 의미를 부여한다. 푸코는 안전 메커니즘을 자유주의적 자유의 대응물이자 존재 조건으로 간주한다. 안전 메커니즘은 인구의 자유롭고 자생적인 자기 조절 형태뿐만 아니라 끝없이 위기에 처하는 인구의 자연성도 보호하고 보장해야 한다. 푸코는 법적 규제, 훈육 메커니즘, 안전 테크놀로지를 분석적으로 구별한다. 법적 규범성은 규범을 성문화한 법률에 의해 작동한다. 반면에 훈육은 정상인과 비정상인, 적합하고 유능한 사람과 그렇지 않은 사람을 분할하는 위계적인 차별을 설정한다. 훈육은 최적 모델과 그것의 구체적인 운용법을 설

---

51 Foucault, *Security, Territory, Population*, pp. 70~76[『안전, 영토, 인구』, 112~124쪽]; *The Birth of Biopolitics*, pp. 267~316[『생명관리정치의 탄생』, 367~433쪽].

계함으로써 작동한다. 다시 말해 훈육은 개인을 이러한 기준에 맞추고 적응시키는 테크닉과 절차를 활용한다.

안전 테크놀로지는 훈육 체계의 정반대를 가리킨다. 훈육 체계는 지시된 규범을 전제하지만, 안전 테크놀로지는 경험적 규범을 출발점으로 삼는다. 경험적 규범은 규제력을 지닌 규범으로 기능하며, 추가적인 분화와 변이도 허용한다. 안전 테크놀로지는 미리 규정된 '당위적' 가치에 현실을 적응시키는 대신에 현실을 규범으로 삼는다. 여기서 현실은 통계적인 사건 분포를 가리키며, 예컨대 출생·사망·질병의 평균율을 뜻한다. 안전 테크놀로지는 허용된 것와 금지된 것 사이에 절대적인 경계선을 설정하지 않는다. 오히려 안전 테크놀로지는 변이들의 스펙트럼 안에서 최적의 중간 지점을 설정한다.[52]

정치경제학과 인구는 18세기 정치의 새로운 형상figure으로 성립되었고, 이는 근대 생물학의 등장과 떼려야 뗄 수 없는 현상이다. 자율과 자유라는 자유주의 관념은 자기 조절과 자기 보존이라는 생물학 개념과 밀접히 관련된다. 이들 생물학 개념은 당시까지 신체 탐구를 지배했던 물리적-기계론적 패러다임에 승리했다. 19세기 전환기에 생명에 관한 과학으로 출현한 생물학은 유기 조직organization이라는 기본 원리를 상정한다. 유기 조직은 어떤 토대적이거나 고정된 프로그램에도 의존하지 않고 생명의 우발성을 설명한다. 내부의 유기 조직이라는 관념은 생명을 주재하는 보다 높은 권위의 안배를 뜻하는 외부의 질서라는 관

---

52 Foucault, *Security, Territory, Population*, pp. 55~63[『안전, 영토, 인구』, 89~100쪽].

념을 대체하고, 이로써 생명은 모든 유기체에 공통적인 역동적이고 추상적인 원리로 기능하게 된다. 이때부터 자기 보존과 재생산, 계발 같은 범주들이 살아 있는 존재의 본성을 기술하는 데 사용된다.[53] 이제 살아 있는 존재는 그 어느 때보다 더 명확하게 인공적인 존재와 구별된다.

1978~1979년 강의에서 푸코는 "자유주의를 생명정치의 일반적인 프레임"으로 파악한다.[54] 그의 선행 연구와 비교해 볼 때 자유주의에 대한 이 같은 설명은 강조점이 이동했음을 시사한다. 이론상의 변화를 겪은 것은 푸코가 자신의 이전 생명정치 분석을 비판적으로 성찰한 결과라 할 수 있다. 그 분석은 일차원적이고 환원적이었는데, 이는 주로 인구의 생물학적·육체적 삶에 주목하고 신체의 정치를 강조했기 때문이다. 그러나 통치[성] 개념을 도입함으로써 그는 이론적 지평을 확장했다. 왜냐하면 이 개념을 통해 "인간 신체에 대한 정치해부학"적 관심이 주체화 과정과 도덕적-정치적 실존 형식에 관한 연구와 결합하기 때문이다. 이러한 관점에서 볼 때 생명정치는 자유주의 통치를 특징짓는 특수하고 역동적인 배치constellation를 가리킨다. 이전과 달리 자유주의와 함께 주체는 법적 개인인 동시에 살아 있는 존재로 존재하며, 따라서 주체의 통치 문제도 새로운 방식으로 제기된다.[55] 이러한 문제를 검토하면서 푸코는 다음과 같이 강조한다. 생명정치적 문제들은 "정치적

---

53 Foucault, *The Order of Things*, New York: Random House, 1970[『말과 사물』, 이규현 옮김, 민음사, 2012] 참조.

54 Foucault, *The Birth of Biopolitics*, p. 22[『생명관리정치의 탄생』, 49쪽].

55 *Ibid*., p. 317[같은 책, 435쪽] 참조.

합리성의 프레임, 즉 그것들이 그 안에서 출현해 뚜렷한 모습을 취하게 되는 프레임"과 분리될 수 없다.

그 프레임은 '자유주의'를 가리킨다. 왜냐하면 자유주의와 관련해서 그 문제들이 도전의 형태로 제기되기 때문이다. [자유주의는] 법적인 주체를 존중하고 개인의 자유로운 기획enterprise을 중시한다. 이런 체제 안에서 '인구'라는 [집단] 현상 및 그것이 지닌 고유한 효과와 문제가 어떻게 고려될 수 있는가? 또한 어떤 명분과 규칙에 따라 인구가 관리될 수 있는가?[56]

생명정치 개념을 통치 분석론을 통해 재구성하는 것은 이론적으로 많은 장점을 지닌다. 첫째, 이러한 연구 관점은 육체적 존재와 도덕적-정치적 존재가 어떻게 연결되는지 검토하게 해준다. 다시 말해 특정한 지식의 대상과 특수한 경험이 어떻게 도덕적·정치적·법률적 문제가 되는지 알게 해준다. 이것은 푸코가 『성의 역사』 3권에서 다룬 주제이며, 거기서 초점은 육체적 경험의 도덕적 문제화들과 자기 구성의 형태들이다.[57] 오늘날 사례로는 인간 존재의 특성figure과 인간 존엄에 관한 법적 관념construct을 들 수 있다. 두 가지 모두 생명공학 혁신으로 인해 증

---

56 *Ibid.*, p. 317[같은 책, 435쪽]

57 Foucault, *The History of Sexuality, Vol. 2: The Use of Pleasure*, New York: Vintage Books, 1990[『성의 역사 2권: 쾌락의 활용』, 문경자·신은영 옮김, 나남출판, 2004]; Foucault, *The History of Sexuality, Vol. 3: The Care of the Self*, New York: Vintage Books, 1988[『성의 역사 3권: 자기에의 배려』, 이영목 옮김, 나남출판, 2004].

가하는 압력을 받고 있다. 예를 들어 인간 배아 세포가 인간의 존엄을 지니는지, 그리고 인권을 요구할 수 있는지와 같은 문제가 등장했다. 나아가 다음과 같은 질문이 제기될 수 있다. 정치적·사회적 권리는 어떤 '자연적' 토대를 바탕으로 보장되어야 하는가? 그리고 상이한 사회화 방식과 생물학적 형질은 어떤 관계를 지니는가? 여기서 이 같은 관점[통치 분석론]은 테크놀로지와 통치 실천의 관계에 주목하게 만든다. 구체적으로 말해 자유주의 통치 방식은 신체 관련 테크닉과 자기 훈련 방식을 어떻게 활용하는가? 자유주의 통치 방식은 이익과 욕구, 선호 구조를 어떻게 형성하는가? 오늘날 테크놀로지는 어떻게 개인을 능동적이고 자유로운 시민으로 형성하고, 어떻게 개인을 자치 공동체와 조직의 성원으로 구성하며, 어떻게 개인을 자기 생애의 리스크를 합리적으로 계산하는(적어도 이상적으로는) 자율적인 행위자로 주조하는가? 또한 신자유주의 이론에서 책임감 있고 합리적인 주체라는 관념은 인적 자본으로서 인간 생명이라는 개념과 무슨 관계를 지니고 있는가?

푸코의 저술은 이러한 분석적 관점을 체계화하기보다는 앞으로 그 관점을 발전시키는 데 도움이 될 제안들을 제공한다. 그는 생명정치와 자유주의의 관계, 즉 1979년 강의에서 중점적으로 다룰 계획이었던 기획을 구체화하지 않았다.[58] 유감스럽게도 그가 강의 중간에 자기 비판조로 시인했던 '의도'만 남아 있다.[59]

---

58 Foucault, *The Birth of Biopolitics*, pp. 21~22, 78[『생명관리정치의 탄생』, 48~51, 117쪽] 참조.

59 *Ibid.*, pp. 185~186[같은 책, 263~264쪽].

4. 저항과 자유의 실천들

자유주의 통치에 관심을 가지면서 푸코는 저항과 자유의 실천들을 새롭게 평가하게 된다. 이제 그는 저항과 자유의 실천이 생명정치 전략의 '유기적' 요소라고 간주한다. 그에 따르면 생명을 조절하고 통제하려는 권력 과정은 대항 형태를 촉발한다. 대항 형태는 신체와 생명의 이름으로 주장을 정식화하고 인정을 요구한다. 생명에 대한 통제의 팽창과 강화는 동시에 생명을 사회적 투쟁의 목표로 만든다.

> 이러한 권력에 대항해……저항했던 세력들은 그러한 권력이 심혈을 기울였던 바로 그 대상, 즉 생명——살아 있는 존재로서 인간——에서 지렛대를 찾았다.……생명은 하나의 목표로 요구되었고 또한 그렇게 기능했다. 생명은 기본적인 욕구, 인간의 구체적인 본질, 인간 잠재력의 실현, 풍부한 가능성으로 이해되었다. 유토피아가 요구되었는지 여부는 그다지 중요하지 않다. 우리가 목격한 것은 매우 현실적인 투쟁 과정이었다. 정치 투쟁[의 대상]으로서 생명이 어느 정도 수용되자, 오히려 생명[체]은 자신을 통제하려는 체계에 대항했다.[60]

신체의 훈육과 인구의 조절은 새로운 정치 투쟁을 유발했다. 이 투쟁은 오래되고 잊혀진 권리들에 호소하는 대신에 기본 욕구의 충족과

---

60 Foucault, *The History of Sexuality, Vol. 1*, pp. 144~145[『성의 역사 1권』, 165쪽].

새로운 범주의 권리들——생명·신체·건강·성sexuality에 대한——을 요구했다. 푸코의 역사적 주장에 따르면 제2차 세계대전 이후, 특히 1960년대 이래 생명정치적 갈등이 점점 더 중요해졌다. 여전히 사람들은 지배적인 정치·사회·종교 형태에 저항했고 경제적 착취에도 대항했지만, 이와 함께 새로운 투쟁 영역이 등장했다. 그것이 바로 주체화 방식에 대한 저항이다.[61] 우리는 다양한 갈등 상황 속에서 드러나는 "통치 위기의 확산"을 감지할 수 있다.[62] 예를 들어 남녀 사이에서 수많은 사회적 갈등이 연출되고, 건강과 질병의 규정, 이성과 광기의 규정이 의문에 휩싸이며, 생태운동, 평화운동, 성소수자[운동]가 뚜렷한 실체로 부상한다. 이 모든 추세를 고려해 볼 때 전통적인 형태의 주체화 방식과 신체 개념이 점점 더 구속력을 상실하고 있다. 이들 투쟁의 특징은 "개별화하는 통치"에 반대한다는 것이다.[63] 이들 투쟁이 의문시하는 것은 사회적 규범에 대한 개인의 적응이다. 사회적 규범은 이른바 보편타당하고 과학적으로 검증된 것으로 신체 모델, 성별 관계, 생활 방식 등을 조절한다.

푸코는 '섹슈얼리티의 역사'를 다룬 자신의 마지막 작업에서 고대

61 Foucault, "The Subject and Power", *Power: Essential Works of Michel Foucault*, Vol.3, pp. 331~332[「주체와 권력」, 푸코 외, 『미셸 푸코의 권력 이론』, 정일준 옮김, 새물결, 1994, 91~93쪽] 참조.

62 Foucault, "Interview with Michel Foucault", *Ibid*., p. 295[『푸코의 맑스: 둣치오 뜨롬바도리와의 대담』, 이승철 옮김, 갈무리, 2004, 166쪽].

63 Foucault, "The Subject and Power", *Ibid*., p. 330[「주체와 권력」, 『미셸 푸코의 권력 이론』, 91쪽].

의 자기 실천을 분석한다. 이 당시 저술에서는 생명정치 개념이 더 이상 전략적 역할을 유지하지 못한다. 하지만 푸코는 인간 생명을 대상으로 하는 통치 테크놀로지에 관한 저항 방식을 변함없이 탐색한다. 이러한 권력의 '자연화'——그리고 그것이 겉으로 보기에는 자명하고 보편 타당한 규범적 주장에 준거하는 방식——에 맞서기 위해 푸코는 인간의 삶을 오히려 '예술 작품'으로 이해하자고 제안했다. 고대의 '실존 미학'을 분석함으로써 그는 생명과학과 인문과학의 진리 주장을 동시에 뛰어넘을 수 있는 새로운 '삶의 기예'art of living를 부활시키고자 했다.[64]

1984년 푸코가 사망한 이후 생명정치에 관한 그의 개념은 매우 다양한 방식으로 수용되었다. 완전히 상반된 두 가지 해석이 최근 몇 년 동안 점차 영향력을 획득했다. 이들은 공통적으로 푸코의 생명정치 프레임의 빈틈과 문제점에 착목하여 생명정치 개념을 개선하고자 한다. 그러나 이를 제외하면 문제의 진단부터 해결책의 제시까지 공통점이 없다고 할 수 있다. 하나의 해석은 조르조 아감벤의 저술을 말하고, 또 다른 해석은 마이클 하트와 안토니오 네그리의 작업을 가리킨다. 이어지는 장들에서는 두 해석 방식을 검토할 것이다.

---

64 Foucault, *The History of Sexuality, Vol. 2*[『성의 역사 2권』]; Foucault, *The History of Sexuality, Vol. 3*[『성의 역사 3권』] 참조.

4장

조르조 아감벤
주권권력과 벌거벗은 생명

얼마 전부터 이탈리아 철학자 조르조 아감벤의 작업이 점점 더 많은 관심과 호평을 받고 있다.[1] 하지만 아감벤이 대중적 인기를 얻은 것은 1995년 『호모 사케르』가 출간되고 난 이후이다.[2] 이 책은 세계적인 베스트셀러가 되었고 저자는 식자들의 스타로 떠올랐다. 결정적인 이유를 찾자면 이 작업이 철학적 성찰과 정치적 비판을 탁월하게 결합했기 때문이다. 그러나 아감벤이 철학계 밖에서 놀라운 명성을 획득한 것은 그가 제시한 기본 테제가 도발적이었기 때문이다. 그의 말을 그대로 인용하면 "민주주의와 전체주의는 내부적으로 공모하고" 있으며,[3] 강제

---

1 나는 Thomas̀ Lemke, *Gouvernementalität und Biopolitik*, Wiesbaden: VS Verlag für Sozialwissenschaften, 2007, S. 89~110에서 생명정치에 관한 아감벤의 이해 방식을 더 상세히 다루었다.

2 Giorgio Agamben, *Homo Sacer: Sovereign Power and Bare Life*, Stanford, CA: Stanford University Press, 1998[『호모 사케르: 주권권력과 벌거벗은 생명』, 박진우 옮김, 새물결, 2008].

3 *Ibid.*, p. 10[같은 책, 49쪽].

수용소는 "서양의 생명정치 패러다임"으로 규정될 수 있다.[4]

　아감벤은 자신의 테제를 확장하고 구체화하기 위해 네 권의 책을 기획했는데, 『호모 사케르』는 그 중 첫번째 책이며 그동안 나머지 책들도 출간되었다. 이 일련의 작업에서 그는 현 시대를 한 정치 전통——고대 그리스에서 출발하여 나치의 강제 수용소에 이르는——의 파멸적 종착지로 해석한다. 푸코는 17~18세기에 출현한 생명정치 메커니즘을 역사적 단절로 간주했지만, 아감벤은 주권권력sovereign power과 생명 정치 사이에 존재하는 논리적인 연관성을 강조한다. 그러니까 생명정치는 주권권력의 행사에서 핵심적인 역할을 수행한다는 것이다. 따라서 근대 시기는 서양의 [정치적] 전통에서 단절한 것이 아니라, 그저 애초부터 존재했던 전통이 일반화되고 급진화된 것에 불과하다. 아감벤에 따르면 주권권력의 성립은 생명정치적 신체의 발명을 전제한다. 즉 누군가가 정치 공동체에 포함되려면 그와 동시에 반드시 누군가는 배제되어야 한다. 그들은 바로 온전한 법적 지위를 상실한 사람들이다.

　이하에서 나는 푸코의 생명정치 개념에 대한 아감벤의 수정을 제시하고, 그것이 내포한 분석적 장점과 한계를 논의할 것이다. 1절에서는 그의 기본 테제를 간략히 확인할 것이며, 2절에서는 오늘날 사회를 분석하는 데 그 주장이 지닌 진단적 잠재력을 검토할 것이다. 3절에서는 그의 생명정치 해석이 직면한 몇 가지 이론적 문제를 살펴볼 것이다. 요컨대 아감벤은 권력에 관한 법률적 견해를 암묵적으로 추종하고

---

4 *Ibid.*, p. 181[같은 책, 341쪽].

국가에 과도하게 집착한다. 또한 그는 생명정치 문제틀의 사회경제적 측면을 무시하며, 자신의 이론 모델을 준≒존재론적으로 정초한다.

1. 예외의 규칙

아감벤은 푸코의 작업뿐 아니라 칼 슈미트, 발터 벤야민, 한나 아렌트, 마르틴 하이데거, 조르주 바타유의 작업도 받아들인다. 그는 자신이 보기에 고대 그리스 이래 서양의 정치 전통을 규정해 온 모종의 구별에서 출발한다. 정치적인 것에 도사린 중심적인 이항 관계는 적과 동지의 구분이 아니라 벌거벗은 생명zoé과 정치적 삶bíos의 분리, 다시 말해 개인을 자연적 존재와 법률적 실존으로 구별하는 것이다. 아감벤에 따르면 우리는 모든 정치의 기원에서 경계의 설정과 법의 보호를 박탈하는 공간의 창출을 발견한다. "원초적인 법률적-정치적 관계는 금지이다."[5]

아감벤은 고대 로마법에서 끌어낸 형상, 즉 호모 사케르homo sacer를 통해 주권의 이러한 숨겨진 토대를 묘사한다. 호모 사케르는 다른 사람이 그를 죽여도 처벌받지 않는 사람을 말하는데, 그가 정치적-법률적 공동체에서 쫓겨나 자연적physical 존재로 격하되었기 때문이다. 아감벤에 따르면 이러한 감춰진 형상은 주권 논리의 이면을 나타낸다. '벌거벗은 생명'은 정치적인 것과 거의 관련이 없거나 무의미해 보일지 모르지만, 인간 존재의 삶과 죽음을 주권적 결정의 대상으로 만드는 정

---

5 Agamben, *Homo Sacer*, p. 181[『호모 사케르』, 341쪽].

치체의 견고한 토대가 된다. 이 같은 관점에서 볼 때 [호모 사케르를 뜻하는] 성스러운 인간homines sacri의 생산은 서양 정치사를 성립시키지만 부인된 요소를 가린킨다.

호모 사케르의 흔적은 로마의 국외 추방에서 중세의 사형수를 거쳐 나치 수용소의 수감자 등으로 이어진다. 아감벤이 보기에 오늘날 '벌거벗은 생명'은 망명 신청자, 난민, 뇌사자 같은 형태로 존재한다. 이러한 '사례들'은 겉으로는 서로 무관해 보이지만 한 가지 공통점을 지닌다. 이들은 모두 인간적 삶을 필요로 하지만 법적 보호를 받지 못한다. 이들은 인도주의적 원조에 맡겨진 채 법적 권리를 주장할 수 없게 되거나, 과학적 해석과 규정의 권위에 의해 '살아 있는 물질'biomass[6] 상태로 축소된다.[7]

아감벤이 재구성한 주권적 규칙과 생명정치적 예외의 상호 관계는 당혹스러운 결과를 가져온다. 만일 그가 주장하듯이 강제 수용소가 "여전히 우리가 거주하고 있는 정치의 숨겨진 매트릭스"라면,[8] 인권의 출

---

6 [옮긴이] 바이오매스란 특정한 임의의 공간 안에 존재하는 특정한 생물군(生物郡)의 양을 중량이나 에너지양으로 나타낸 것으로, 생물질, 생물체량, 생물량이라고도 한다. 여기서는 난민 등을 그저 생명 현상, 혹은 생명 현상의 덩어리로 환원해 법적·정치적 단위에서 배제한다는 뜻이다.

7 여기서 아감벤은 한나 아렌트가『전체주의의 기원』에서 전개한 논리에 크게 의존하고 있다. 이 책에서 아렌트는 '인권의 난제'를 고찰하면서, 근대 국민국가에 의해 국가를 갖지 못하는, 그리하여 아무런 권리도 갖지 못하는 인민이 생산됨을 검토한다. Hannah Arendt, *The Origins of Totalitarianism*, San Diego, CA: Harcourt, 1968, pp. 267~302[『전체주의의 기원』, 박미애·이진우 옮김, 한길사, 2006, 489~542쪽]. 한편 Kathrin Braun, "Biopolitics and Temporality in Arendt and Foucault", *Time and Society*, 16(1), 2007은 푸코와 아렌트의 생명정치 개념을 인상적으로 비교하고 있다.

현이 강제 수용소의 발전과 내밀하게 연결되어 있는 셈인 것이다. 이러한 관점에서 보면 의회 민주주의와 전체주의 독재, 자유주의 입헌 국가와 권위주의 체제는 명확히 구분되지 않는다. 아감벤이 "민주주의와 전체주의 사이의 내적 관련성"[9]을 주장하자 엄청난 반발이 일었다. 수용소가 "근대 생명정치의 패러다임"[10]이라고 주장할 때 그는 결코 나치의 절멸 정책을 상대화하거나 사소한 문제로 만들지 않는다. 그럼에도 아감벤의 주장은 [민주주의와 전체주의 사이에 존재하는] 중요하고 본질적인 차이를 무시하는 경향이 있다. 따라서 아감벤이 차이를 '없앤다'는 비판은 어느 정도 타당한 것이다. 그러나 이런 비판은 궁극적으로 호모 사케르가 "어디에서나 영원히" 존재한다는 인상을 풍기는 그의 구체성 부족과 과장된 극화에 비하면 오히려 사소해 보인다.[11]

2. '벌거벗은 생명'과 수용소

강제 수용소를 "근대성의 정치 영역의 숨겨진 패러다임"[12]이라고 묘사할 때 아감벤의 의도는 과연 무엇일까? 분명히 아감벤에게 수용소는

---

8 Agamben, *Means without End: Notes on Politics*, Minneapolis: University of Minnesota Press, 2000, p. 44[『목적 없는 수단: 정치에 관한 11개의 노트』, 김상운·양창렬 옮김, 난장, 2009, 54쪽].

9 Agamben, *Homo Sacer*, p. 10[『호모 사케르』, 49쪽].

10 *Ibid.*, p. 117[같은 책, 233쪽].

11 Niels Werber, "Die Normalisierung des Ausnahmefalls: Giorgio Agamben sieht immer und überall Konzentrationslager", *Merkur*, 56, 2002, S. 622.

12 Agamben, *Homo Sacer*, p. 123[『호모 사케르』, 241쪽].

구체적인 역사적 장소나 한정된 공간적 실체를 뜻하는 것이기보다는, '벌거벗은 생명'과 정치적 삶 사이에 존재하는 경계[지대]border를 상징하고 설정하는 것이다. 이러한 의미에서 수용소는 나치의 강제 수용소나 오늘날의 국외 추방 시설에 그치지 않고, 오히려 '벌거벗은 생명'이 체계적으로 생산되는 모든 공간을 가리킨다. "**수용소란 예외 상태가 규칙이 되기 시작할 때 열리는 공간이다.**"[13] 아감벤은 수용소에서 정치 영역의 "숨겨진 매트릭스"를 발견해,[14] 오늘날 정치 지형constellation을 보다 잘 이해할 수 있는 근원적 논리를 가시화하려고 한다. 다시 말해 '수용소'에 관한 규정을 일신함으로써 그는 그것의 전통적 의미를 전복시킨다. 예전에는 수용소가 적과 동지의 차이가 분명히 드러나는 전형적 장소였다면, 이제 그것은 아감벤에 의해 법과 사실, 규칙과 예외가 식별할 수 없을 정도로 혼재된 "예외 상태의 물질화"로 등장한다.[15]

푸코와 달리 아감벤은 생명정치 메커니즘이 기본적으로 연속적이라는 점에서 출발하며, 이러한 메커니즘의 토대를 주권 논리에서 발견한다. 그렇지만 그 역시 하나의 역사적 단절caesura을 밝혀낸다. 근대가 앞선 시기와 구별되는 까닭은 예전에는 정치적 삶의 주변에 있던 '벌거벗은 생명'이 이제는 정치 영역의 중심으로 점차 이동하고 있기 때문이라는 것이다. 아감벤에 따르면 벌거벗은 생명이 예외 상태를 지나 정치 전략의 중심이 될 때, 생명정치는 근대성의 문턱을 넘어서게 된다. 이리

---

13 *Ibid.*, pp. 168~169(강조는 원문)[같은 책, 319쪽].
14 *Ibid.*, p. 175[같은 책, 330쪽].
15 *Ibid.*, p. 174[같은 책, 328쪽].

하여 예외는 규칙이 되고, 내부와 외부, 사실과 법의 차이는 "더 이상 식별할 수 없는 지대"로 접어든다.[16] 아감벤은 근대 생명정치가 "양가적 면모"를 지닌다고 주장한다.

> 사람들은 중앙 권력과 투쟁하면서 공간·자유·권리를 획득하지만 이것들은 동시에 이들의 삶을 언제나 국가 질서 안으로 은밀하고도 꾸준하게 밀어 넣는다. 결과적으로 이러한 공간·자유·권리는 사람들이 그토록 벗어나기를 원했던 주권권력에 새롭고도 더욱 끔찍한 토대를 제공한다.[17]

똑같은 '벌거벗은 생명'이 민주주의 사회에서는 사적인 것이 공적인 것에 우선하는 결과를 낳고, 전체주의 국가에서는 개인의 권리를 유예시키는 정치의 핵심 기준으로 작동한다.

하지만 동일한 기반('벌거벗은 생명')이 모든 통치 형태의 토대를 형성한다고 해서 이 모든 형태가 정치적으로 동일하게 평가되어야 한다는 뜻은 아니다. 대부분의 논평자가 주장하는 바와 달리, 아감벤 자신은 민주주의와 독재를 동일시하지 않으며 시민적 자유와 사회적 권리를 깎아내리지 않는다. 그의 주장은 민주주의적 법치가 나치나 스탈린식 독재 국가를 대체하는 정치적 대안이 아니라는 것이다. 후자의 정치

---

16 Agamben, *Homo Sacer*, p. 9[『호모 사케르』, 46쪽].
17 *Ibid*., p. 121[같은 책, 239쪽].

체제는 단지 생명정치적 경향을 급진화했을 뿐이다. 아감벤에 따르면 생명정치적 경향은 상이한 정치적 맥락과 역사적 시기에 이미 등장했으며, 오늘날에도 그 영향력이 감소하기는커녕 계속해서 증가해 왔다.

따라서 아감벤이 지나치게 단순화된 비교 논리를 추종하는 것은 아니다. 오히려 그는 매우 상이한 통치 방식들에 존재하는 공통의 지반, 즉 '벌거벗은 생명'의 생산을 해명하려고 노력한다. 그는 나치 수용소를 논리적 예외나 사소한 역사적 현상으로 치부하지 않으며, 오히려 이러한 예외의 '규칙성' 혹은 정상성을 탐색하고 '벌거벗은 생명'이 오늘날 정치적 합리성에서 얼마나 중요한 요소인지 질문한다. 왜냐하면 생명과 그것의 유지 및 연장이 점점 더 법적 규제의 대상으로 등장하기 때문이다.[18]

아감벤은 나치와 스탈린식 독재 국가가 무너진 이후 오히려 생명정치의 문제틀이 강화되었다고 본다. 그는 두 체제가 붕괴되면서 생명정치가 "새로운 문턱을 넘었다"고 주장한다. "오늘날 민주주의 국가에서는 나치의 생명정치학자biopolitician조차도 감히 입에 담지 못했던 말들을 공공연히 언급할 수 있게 되었다."[19] 나치식 생명정치가 여전히 신원을 확인할 수 있는 사람이나 일부 한정된 자에게 전념한 반면, 아감벤에 따를 때 "작금에는 모든 시민이 분명히 매우 실질적인 의미에서 사실상 성스러운 인간으로 간주된다고 말할 수 있다".[20] 확실히 아감벤

---

18 Agamben, *Means without End*, pp. 37~45[『목적 없는 수단』, 47~55쪽].
19 Agamben, *Homo Sacer*, p. 165[『호모 사케르』, 314쪽].
20 *Ibid*., p. 111[같은 책, 225~226쪽].

은 예전에는 개인들이나 사회 집단들 사이에서 작동하던 경계가 이제는 개인의 신체 속에 통합되어 어느 정도 내부화된다고 전제한다. 오늘날 정치에 적합한 삶과 벌거벗은 생명을 가르는 경계는 불가피하게 "모든 인간 생명 내부로" 이동하게 되었다. "벌거벗은 생명은 더 이상 특정한 장소나 일정한 범주에 한정되지 않는다. 벌거벗은 생명은 이제 모든 살아 있는 존재의 생물학적 신체에 깃들어 있다."[21]

유감스럽게도 아감벤은 이같이 악화된 생명정치적 문제를 매우 모호하게 처리한다. 그는 개념적 작업과 역사적 감각을 추구하는 대신 번번이 아포리아를 찾아 나서고 [개념적 구별 대신에] 논리적 포함 관계를 지향한다. 규칙과 예외가 "절대적인 비식별 지대로 접어든다"[22]는 그의 테제는 [구체적인] 개념적 구별의 빈약함을 동반한다. 모든 주체가 성스러운 인간이라고 하더라도, 이들은 아주 상이한 방식으로 그러하다. 아감벤은 생명의 상이한 가치들을 구별하는 차이화 메커니즘을 해명하지 않은 채 모든 사람이 '벌거벗은 생명'의 지위로 환원될 수 있다고 주장한다. 이로 인해 아감벤의 논의는 신빙성이 떨어지게 된다. [예를 들어] 입원한 혼수 상태 환자가 강제 수용소에 갇힌 수감자와 어느 정도로, 어떤 방식으로 운명을 공유하는지는 불명확한 상태로 남아 있다. 또한 수감되어 있는 망명 신청자가 나치 수용소에 갇힌 유대인과 동일한 정도로, 동일한 의미에서 벌거벗은 생명인지 여부도 불명확하다. 한

---

21 Agamben, *Homo Sacer*, p. 140[『호모 사케르』, 269쪽].
22 Agamben, *Means without End*, p. 42[『목적 없는 수단』, 50쪽].

편으로 아감벤은 냉철한 분석보다 지나친 과장을 선호하는 것처럼 보인다. 심지어는 교통사고 사망자도 간접적으로 성스러운 인간이 될 수 있다.[23] 다른 한편 그의 분석은 중요한 문제를 사소하게 만든다는 비판에도 노출된다. 다시 말해 그에게 아우슈비츠는 추상적 원리가 끊임없이 탈바꿈하는 하나의 실제 사례에 불과하다는 것이다.[24]

3. 세 가지 문제

이처럼 빈약한 구별 능력은 논증 과정에서 생긴 우연한 오류가 아니라, 단편적이고 축약된 관점에서 생명정치를 다루는 분석이 도달하는 필연적 결론이다. 아감벤의 작업에는 세 가지 문제가 특별히 두드러진다. 생명정치에 관한 법률적 분석틀, 국가 중심적 분석틀, 준존재론적 분석틀이 그것이다.

첫번째는 아감벤이 법적인 문제에 집착한다는 법률과 관련된 비판이다. 이에 따르면 아감벤은 '수용소'를 [등급과 지위 등의] 차별이 이루어져 왔고 계속해서 차별이 발생하고 있는 일종의 연속체가 아니라, 벌거벗은 생명과 정치적 삶을 어느 정도 명확히 구분하는 하나의 "경계선"[25]으로 간주한다. 그의 관심은 오직 경계를 설정하는 데 있으며, 여

---

23 Agamben, *Homo Sacer*, p. 114[『호모 사케르』, 230쪽]; Werber, *Die Normalisierung des Ausnahmefalls*, S. 422.

24 Agamben, *Remnants of Auschwitz: The Witness and the Archive*, New York: Zone, 1999, pp. 133~134, 156[『아우슈비츠의 남은 자들: 문서고와 증인』, 정문영 옮김, 새물결, 2012, 200~201, 230~231쪽] 참조.

기서 경계는 계층이나 등급이 존재하는 지대가 아니라 양자택일로 환원되는 구분선으로 간주된다. 이러한 한계로 인해 아감벤은 '벌거벗은 생명'이 어떻게 등급이 매겨지고 가치가 평가되는지, 어떻게 생명이 '고급'과 '저급'으로, 혹은 '진화'와 '퇴보'로 구별될 수 있는지 더 이상 분석할 수 없게 된다. 그는 '생명' 자체보다 그것의 '벌거벗음'에 관심을 가지기 때문에 이러한 구별 과정을 인식하지 못한다. 따라서 아감벤은 훈육과 훈련, 즉 생명의 규범화와 표준화를 중요하게 생각하지 않는다. 그보다는 경계를 설정하고 물질화하는 죽음이 결정적이다. 그러므로 아감벤에게 생명정치는 무엇보다도 "죽음의 정치"thanatopolitics인 것이다.[26]

이것이 아감벤을 푸코와 구별하는 가장 핵심적인 지점이다. 푸코는 주권권력이 그 정당성과 효율성을 "권력의 미시물리학"에 의존하고 있기 때문에 그 권력이 결코 주권을 지니지 못함을 보여 준다. 반면에 아감벤의 작업에서 주권은 벌거벗은 생명을 생산하고 지배한다. 아감벤에 따르면 "생명정치적 신체의 생산은 주권권력의 고유한 활동이다".[27]

---

25 Agamben, *Homo Sacer*, p. 122[『호모 사케르』, 240쪽].

26 *Ibid*., p. 142[같은 책, 273쪽]. 또한 Agamben, *Remnants of Auschwitz*, pp. 84~86[『아우슈비츠의 남은 자들』, 127~130쪽]; Peter Fitzpatrick, "These Mad Abandon'd Times", *Economy & Society*, 30(2), 2001, pp. 263~265; Werber, *Die Normalisierung des Aus-nahmefalls*, S. 419 참조. Achille Mbembe, "Necropolitics", *Public Culture*, 15(1), 2003; Warren Montag, "Necro-Economics: Adam Smith and Death in the Life of the Universal", *Radical Philosophy*, 134, 2005는 자유주의 경제학뿐 아니라 근대 정치학의 형성에서 죽음이 행한 역할을 훌륭하게 보여 준다.

27 Agamben, *Homo Sacer*, p. 6(강조는 원문)[『호모 사케르』, 42쪽].

아감벤은 비오스bíos와 조에zoé, 정치적 삶과 벌거벗은 생명, 규칙과 예외 같은 대립항을 병렬하는데, 이는 푸코가 비판하는 법률적 권력 모델에 준거하는 것이다. 아감벤의 분석은 여전히 법적인 것에 사로잡혀 있으며 푸코보다는 칼 슈미트에게 더 많이 의지하고 있다. 슈미트에게 주권이 예외 상태를 선언하고 권리들의 효력을 정지시키는 역량을 뜻한다면,[28] 푸코는 법률 메커니즘 아래와 옆에, 그리고 부분적으로는 그 반대편에 존재하는 정상 상태에 관심을 기울인다. 슈미트는 규범norm의 효력이 정지되는 방식에 관심을 갖지만, 반대로 푸코는 규범성[정상성]normality이 생산되는 방식에 흥미를 느낀다.[29]

법과 주권자의 추방권에 초점을 맞추는 바람에 아감벤은 생명정치의 핵심 측면을 분석에서 제거해 버린다. 그는 예외 상태가 정치의 기원일 뿐만 아니라 정치의 목적이자 규정 자체라고 말한다. 이렇게 배치configuration된 정치는 성스러운 인간hominies sacri의 생산에 전념하지만, 이러한 생산은 비생산적인 것으로 간주되어야 한다. 왜냐하면 '벌거벗은 생명'은 오직 억압받고 살해당하기 위해 생산되기 때문이다. 생명정치적 개입은 생물학적 생명과 정치적 삶을 단순히 대립시키는 문

---

28 Carl Schmitt, *Der Begriff des Politischen*, München und Leipzig: Duncker & Humblot, 1932[『정치적인 것의 개념』, 김효전·정태호 옮김, 살림, 2012].

29 Michel Foucault, *Society Must Be Defended: Lectures at the Collège de France, 1975~76*, New York: Picador, 2003, pp. 23~41[『"사회를 보호해야 한다": 콜레주 드 프랑스 강의 1975~76년』, 김상운 옮김, 난장, 2015, 39~60쪽]; Fitzpatrick, "These Mad Abandon'd Times", *Economy & Society*, 30(2), pp. 259~261; Astrid Deuber-Mankowsky, "Homo Sacer, das bloße Leben und das Lager: Anmerkungen zu einem erneuten Versuch einer Kritik der Gewalt", *Die Philosophin*, 25, 2002, S. 108~114.

제가 아니지만, 아감벤은 이러한 사실을 전혀 고려하지 않는다. 생명정치적 개입은 단순히 '벌거벗은 생명'을 절멸시키거나 이들을 죽여도 처벌하지 않는 것이 아니라, 벌거벗은 생명을 가치 증식이라는 '생명경제적'bioeconomic 명령——그것의 목표는 생존 가능성과 삶의 질을 높이는 것이다——에 종속시킨다. 다시 말해 아감벤은 생명정치가 본질적으로 생명의 정치경제라는 사실을 이해하지 못한다. 그는 여전히 주권권력에 심취해 있어 법 밖에서 작동하는 어떤 메커니즘도 보지 못한다.

아감벤의 생각과 달리 생명정치 메커니즘은 사람들을 살아 있는 존재의 지위로 축소하고 그들의 기본권을 박탈하는 데 집중하지 않는다. 생명정치 분석은 난민이나 망명 신청자처럼 법적 권리를 보장받지 못하는 자들로 한정될 수 없으며, 사회적 배제 과정에 직면한 모든 사람——이들이 형식적으로는 온전하게 정치적 권리를 누리더라도——을 포함해야 한다. 이른바 '쓸모없는' 자들, '불필요한' 자들, '남아도는' 자들을 포함해야 하는 것이다. 과거에는 이런 사람들이 주변부에만 거주했지만, 오늘날 글로벌 경제 아래에서는 산업화된 중심부도 이런 배제 형태를 피해 갈 수 없다. 복지국가가 해체되고 노동 경제가 위기에 빠지면서 중심부에서도 사회 문제가 새로운 방식으로 대두하고 있기 때문이다.

아감벤 분석의 두번째 문제는 국가장치와 중앙집권적 규제 방식에 초점을 맞춘다는 점이다. 자연적인 것이 점점 더 정치화된다는 아감벤의 주장에는 어느 정도 타당한 측면이 존재한다. 왜냐하면 생명공학과 의학의 혁신 덕분에 오늘날 생명 과정의 시작·지속·종료가 정책 결정 과정에 보다 쉽게 영향받기 때문이다. 그럼에도 불구하고 나치 인종 정치에 대한 아감벤의 강조는 현재 상황에 대한 왜곡된 시각으로 귀결된다. 아감벤은 생명정치가 정부 규제의 영역일 뿐만 아니라 '자율적인' 주체의 영역이기도 하다는 사실을 명확히 인식하지 못한다. 합리적 환자, 기업가적 개인, 책임감 있는 부모로서 자율적인 주체는 생명공학적 옵션을 요구한다(또한 요구해야 한다). 여전히 국가는 '민족의 신체' Volkskörper의 건강에 관심을 갖고 있지만, 누가 살 만한 가치가 있는지에 관한 결정에는 점점 더 관여하지 않는다. 이러한 결정은 갈수록 더 개인에게 넘어가고 있다. '삶의 질'에 관한 결정은 개인의 효용과 선호, 적절한 자원 할당과 관련된 문제가 된다.

오늘날 근본적인 위험은 신체나 장기臟器가 국가 통제에 종속될 것이라는 사실이 아니다.[30] 정반대로 위험한 것은 국가가 '탈규제'라는 명분으로 한때 자신이 책임지던 사회적 영역에서 철수하고 있는 현실이다. 국가는 생명의 가치에 관한 결정 및 생명의 시작과 끝에 관한 결정을 윤리 위원회, 전문가 위원회, 시민 패널의 협의에 위임하고, 또한 과학적 영역과 상업적 이해관계에 넘겨 버린다.

이러한 '국가의 철수'는 그 자체로 하나의 정치 전략으로 분석될 수 있으며, 심지어 개인의 법적 권리를 반드시 박탈하지도 않는다. 법적 권리의 효력 정지는 누가 공동체에 소속될 수 있는지, 누가 온전한 법적 권리를 가질 수 있는지를 결정하는 데서 여전히 중요할 것이다. 하지만

---

30 Agamben, *Homo Sacer*, pp. 164~165[『호모 사케르』, 312~314쪽] 참조.

법적·규제적 기능을 공적이고 법적인 영역에서 사적인 영역으로 이동시키는 이러한 새로운 정치 전략은 아마도 앞으로 훨씬 더 강력한 위협을 제기할 것이다. 이러한 경향은 유전자나 세포주[31] 같은 신체 물질을 오늘날 사사로이 전유해 상업용으로 이용할 수 있는 현상에서 나타날 뿐 아니라 안락사와 이식 치료처럼 아감벤이 선택한 사례에서도 암시되고 있다. 앞으로는 명시적인 국가의 지시나 금지가 개인의 사망 선택 living wills이나 계약 방식으로 대체될 것이다.

마지막으로 세번째 문제를 고려할 필요가 있다. 아감벤은 준존재론적인 생명정치 개념을 사용하는데, 이로 인해 그는 생명이라는 개념을 여전히 매우 정태적이고 몰역사적으로 이해한다. 그는 '벌거벗은 생명'이 자연상태나 사회 이전 상태를 뜻하지 않는다고 주장한다. 그럼에도 그가 언급하는 "있는 그대로의 벌거벗은 생명"[32]은 역사적으로 형성되고 변형되는 생명의 '기체'substance를 연상시킨다. 하지만 고대에 나타난 생명정치와 현재가 연속적이라는 관념은 설득력이 떨어진다. '생명'이란 용어는 고대와 근대의 용법이 완전히 다르다. 왜냐하면 엄밀히 말해 '생명'이란 근대의 개념이기 때문이다. 18세기 후반까지 자연적 존재와 인공적 산물, 유기체와 무기체는 엄밀하게 구별되지 않았다. 근대 생물학이 출현하고 나서야 비로소 '생명' 혹은 '생명력'life force이

---

31 [옮긴이] 세포주(cell line)는 초대 배양(식물체로부터 분리한 세포, 조직 및 기관을 재료로 해서 직접 배양하는 것)으로부터 첫번째 계대 배양(배양 세포를 배양 용기에서 꺼내 그 일부 또는 전부를 새로운 배양 용기에 옮겨 다시 배양하는 것)을 하기 전까지 증식된 세포를 말한다.
32 Agamben, *Homo Sacer*, p. 4[『호모 사케르』, 38쪽].

자연물의 발생·유지·진화를 설명하는 독립적인 작동 원리로 인식되었고, 자신의 고유한 자율적인 법칙과 연구 영역에 따라 식별되었다. 18세기 이전에 철학과 과학은 자연적인 것과 인공적인 것 사이에 연속성을 상정했다. [하지만] 18세기에 들어서면서 이 둘이 엄격하게 구별되기 시작했다. 인공적인 것은 인과성의 작인agent으로 환원되었고 외부에서 통제된다고 생각되었지만, 생명체가 지닌 내적인 목적에는 이 생각이 적용되지 않았다. 18세기부터 생명은 '내적인 원인'만을 따르는 자기 조직화 형태로 간주되었다.

아감벤은 푸코를 정정하고 개선하려고 하지만[33] 이러한 노력은 오히려 푸코의 핵심적인 통찰을 포기하는 결과로 이어진다. 푸코가 보기에 생명정치는 근대 국가의 발전, 인문과학의 출현, 자본주의 생산관계의 형성과 분리될 수 없는 역사적 현상이다. 생명정치 기획이 반드시 역사적-사회적 맥락 안에 배치되어야 함에도 그 맥락에서 분리될 때, '벌거벗은 생명'은 단순한 추상으로 전락하고 만다. 이 경우 벌거벗은 생명이 내포하고 있는 정치적 함의뿐만 아니라 그 생명이 출현한 복잡한 조건도 모호한 채로 남겨진다. 아감벤은 중세와 근대의 차이뿐만 아니라 고대와 현재의 역사적 차이도 지워 버리곤 한다. 나아가 생명정치와 생명의 정치경제의 관계라는 문제를 다루지 않으며, 자신의 접근 방식에서 젠더가 내포한 중요성도 무시한다. 그는 '벌거벗은 생명'의 생산이 얼마만큼 가부장주의적인 기획인지, 즉 자연과 정치를 엄격하게

---

33 *Ibid.*, p. 9[같은 책, 46쪽] 참조.

이분법적으로 분할함으로써 젠더 차이를 코드화하는 기획인지 탐구하지 않는다.[34]

아감벤의 책은 우리에게 의외의 결론을 남겨 준다. 아감벤은 법률적 관점과 법의 이항 코드를 아주 맹렬하게 비판하고 있으며 그것들이 초래한 재앙적인 결과를 매우 설득력 있게 보여 준다. 하지만 역설적으로 그 자신은 이러한 관점과 코드를 줄기차게 유지한다. 생명정치를 분석하면서 그는 마치 환원주의자처럼 정치적인 것을 과도하게 개념화하는데, 그 결과 생명정치라는 "모호한 영역"[35]이 [구체적으로 분석되지 않고] 평면화된다. 한편으로 아감벤은 정치적인 것을 자기 이외에는 어떤 것도 인정하지 않는 주권적 권위로 간주하며, 따라서 '예외'보다 위에 있는 것으로 이해한다. 다른 한편으로 그는 주권자가 예외 상태를 결단론적으로 결정하고 '벌거벗은 생명'을 순수하게 노출시킴으로써 자신의 소명을 다한다고[따라서 예외를 넘어설 수 없다고] 해석한다.

이런 비판들을 가할 수 있기는 하지만, 그에게는 정치 이론이 일반적으로 다루지 않는 테마를 전개한다는 장점이 있다. 다시 말해 아감벤은 정치적 사유에서 '금지된' 테마, 즉 삶과 죽음, 건강과 질병, 신체와 의학을 고려한다. 그의 학설은 이들 테마가 정치적인 것에 관한 모든 성찰에 결정적이라는 점을 보여 주고 있으며, 정치적인 것의 영역이 겉으로 보기에는 정치와 무관해 보이는 '벌거벗은 생명'을 배제함으로써

---

34 Deuber-Mankowsky, "Homo Sacer, das bloße Leben und das Lager", *Die Philo-sophin*, 25 참조.

35 Agamben, *Homo Sacer*, p. 143[『호모 사케르』, 275쪽].

구성된다는 사실을 알려 준다. 이와 더불어 『호모 사케르』가 제시하는 분석적 관점은 파시즘 체제나 스탈린 체제가 자유민주주의 사회와 공유하고 있는 역사적 연속성과 구조적 유사성을 추적할 수 있게 해준다. 그의 작업이 내포한 정치적 함의는 여태까지 권리를 갖지 못한, 그래서 보호를 받지 못하는 자들에게 단순히 권리를 부여하는 것으로는 충분하지 않음을 명확히 보여 주었다는 데 있다. 아감벤은 "정치의 새로운 방법과 형태",[36] 즉 새로운 정치적 문법이 필요하다고 주장한다. 이러한 문법은 인간과 시민 사이에 존재하는 차이를 완전히 철폐하는 것이며, 정치적 삶과 자연적 존재의 분리를 끊임없이 전제하고 영속화하는 법적 관점을 뛰어넘는 것이다.[37]

---

36 *Ibid.*, p. 187[같은 책, 351쪽].
37 이러한 논점에 관한 아감벤의 성찰은 '생명-의-형태'(form-of-life)라는 개념으로 이어진다. 이는 "도래할 정치를 인도하는 개념이자 단일한 중심이 되어야 한다"(Agamben, *Means without End*, p. 12[『목적 없는 수단』, 23쪽]). 그는 이 개념을 자신의 형태와 결코 분리될 수 없는 생명으로 간주한다. 여기서 생명은 자신을 벌거벗은 생명과 결코 분리할 수 없는 것으로 이해된다.

5장

마이클 하트와 안토니오 네그리
자본주의와 살아 있는 다중

아감벤에게 생명정치의 특징은 나치 절멸 수용소로 귀착되는 파국의 역사이지만, 이 개념을 갱신하려는 또 다른 시도는 생명정치를 전혀 다른 방식으로 다룬다. 문학 이론가 마이클 하트와 철학자 안토니오 네그리에 따르면, 생명정치는 규칙과 예외의 중첩이 아니라 자본주의가 도달한 새로운 단계를 가리키며, 이 단계는 경제와 정치, 생산과 재생산의 경계가 소멸된다는 특징을 지닌다. 네그리와 하트는 함께 저술한 『제국』(2000)과 『다중』(2004)에서 자신들의 주장을 이탈리아 자율주의 노동 운동과 결합하고, 맑스주의 전통뿐만 아니라 고전적인 정치·법률 이론에서 유래한 개념에 연결하며, 정체성과 주체에 착목하는 후기구조주의 비판과 접합한다. 이런 다양한 이론적 자원과 준거를 결합함으로써 이들은 오늘날의 지배rule 과정을 포괄적으로 설명하는 동시에 정치적 저항의 가능성을 검토하려 한다.

위의 두 책에서 개략적으로 서술된 '생명정치적 생산'이라는 관점은 학계와 대학을 넘어 반향을 불러일으켰고 그만큼이나 격렬한 논쟁의 대상이 되었다. 이러한 현상에는 새천년 들어 반세계화 운동이 격화되었다는 사실이 분명 영향을 미쳤고, 수많은 활동가가 국제 정치와 현대 자본주의의 재구조화를 분석하기 위한 이론적 도구를 찾고 있었다는 사실도 확실히 일조했다. 또한 하트와 네그리의 저술은 보다 폭넓은 연구·토론 네트워크의 일부분이기도 하다. 이들은 잡지 『다중』의 논문들과 쥐디트 르벨, 마우리치오 라차라토, 파올로 비르노 같은 저자들이 발전시킨 논제와 입장에 의존하고 있다.[1]

1. 제국의 지배와 비물질 노동

『제국』에서 하트와 네그리는 자신들이 한창 부상하고 있는 새로운 세계 질서라 생각하는 것을 묘사한다. 이러한 질서는 경제 구조와 법률적-정치적 배열이 서로 매우 긴밀하게 연동하는 특징을 보인다. "제국"은 무엇보다도 "새로운 주권 형태"와 전 지구적 지배 체계를 가리킨다.[2] 하트와 네그리는 오늘날 국제연합이나 유럽연합처럼 국가를 넘나들고 trans 국가에 우선하는supra 조직이 발전하고 비정부기구가 점차 중요

---

1 『다중』의 창간호 표제는 '생명정치와 생명권력'이었다. *Multitudes: Biopolitique et biopouvoir*, 1(1), 2000. 다음 문헌도 참조하라. Maurizio Lazzarato, "Du biopouvoir à la biopolitique", *Multitudes*, 1; Judith Revel, "Biopolitique", *Le vocabulaire de Foucault*, Paris: Ellipse, 2002; Paolo Virno, *A Grammar of the Multitude*, New York: Semiotext(e), 2004[『다중: 현대의 삶 형태에 관한 분석을 위하여』, 김상운 옮김, 갈무리, 2004].

2 Michael Hardt and Antonio Negri, *Empire: The New World Order*, Cambridge, MA: Harvard University Press, 2000, p. xi[『제국』, 윤수종 옮김, 이학사, 2001, 15쪽].

해지는 상황에서 국민국가의 통제력과 권위가 영향력을 점점 상실하고 있다고 주장한다. 또한 두 사람은 헌법의 보장에 따라 효력을 발휘하던 전통적인 정책을 대체해 치안 국가police state의 논리를 따르는 개입 방식이 부상한 현상에 주목한다. 이러한 개입은 예외 상태를 규정함으로써 실행되며 보다 높은 윤리적 원칙이라는 명분으로 운영된다. 이전의 주권 형태와 달리 새로운 제국의 주권에는 외부도 없고 중심도 없다.[3] 반면에 새로운 주권 형태는 자기 준거적이고 상보적인 정치적 의사 결정 단위unit들로 구성된 하나의 네트워크이며, 이 단위들은 이전과 질적으로 다른 하나의 지배 체제를 공동으로 구축한다. 하트와 네그리는 전 세계 모든 국가와 지역을 통합하고 연결하는 지구적 자본주의 생산의 새로운 단계를 제국의 경제적 측면으로 파악한다. 그렇지만 경계 없는 착취 과정이라는 이러한 기본 테제는 글로벌 시장의 형세를 가리킬 뿐 아니라 전례 없이 심화된 자본주의적 사회화도 뜻한다. 오늘날 자본주의적 사회화는 노동력의 형성과 더불어 신체와 지적 능력, 정서의 생산 역시 포함한다.

하트와 네그리는 1970년대 이후 생산양식에서 결정적인 변화가 일어났다고 주장한다. 이들은 "인지 자본주의"cognitive capitalism[4]가 점차 산업 자본주의 패러다임을 대체했다고 말한다. 이러한 자본주의 형태는 생산 과정을 정보화하고 자동화하고 네트워크화하고 세계화하는

3 Hardt and Negri, *Empire*, pp. 186~190[『제국』, 252~257쪽].
4 Negri, *Reflections on Empire*, Cambridge, UK: Polity, 2008, p. 64[『다중과 제국』, 박서현·정남영 옮김, 갈무리, 2011, 100쪽].

특징을 지니며, 결국 노동하는 주체[의 주체성]를 결정적으로 변화시킨다. 이러한 맥락에서 지식과 창의력, 언어와 감정이 사회 내의 생산과 재생산에서 핵심적인 역할을 차지한다. 하트와 네그리에 따르면 생산이 정보화되고 생산 조직이 네트워크화되면서 개인의 노동을 집합적 노동과 구별하기 힘들어지고 지식 노동과 육체 노동도 마찬가지 상황에 처한다. 생산 과정이 변형되면서 두 사람이 '비물질 노동'immaterial labor이라 부르는 새로운 형태의 사회화된 노동이 우세해진다. 이들은 비물질 노동에서 가장 중요한 세 가지 측면을 이렇게 묘사한다.

첫째는 정보화를 진행하고 커뮤니케이션 기술을 통합함으로써 생산 과정 자체를 변형시킨 산업 생산과 관련된다.……둘째는 분석적·상징적 과업과 관련된 비물질 노동이다. 마지막으로 셋째 형태의 비물질 노동은 정서의 생산 및 조작과 관련되는데, 이는 (가상적이든 실제적이든) 인간의 접촉, 즉 육체적 형태를 띠는 노동을 요구한다.[5]

생산양식의 변형은 착취 구조의 변화를 포함한다. 하트와 네그리가 보기에 오늘날 자본주의적 착취는 대체로 [개인의] 정서적이고 지적인 노동 능력을 흡수하는 한편, 이와 함께 협력cooperation이라는 집단적social 형태의 가치를 증식시키는 방식으로 작동한다. 제국은 잉여가치를 생산하기 위해 개인과 집단의 역량power을 무제한으로 동원하려

5 Hardt and Negri, *Empire*, p. 293[『제국』, 385쪽].

한다. 따라서 삶의 모든 에너지와 영역이 축적의 법칙에 종속된다. "이런 영역들 곳곳에 화폐가 침투한다. 이런 영역을 벗어날 수 있는 지점은 존재하지 않는다. '벌거벗은 생명'이나 외부적 관점은 존재하지 않는다. 화폐를 벗어난 지점은 존재하지 않는다."[6]

이러한 맥락에서 하트와 네그리는 푸코의 생명정치 개념에 의존하면서도 이 개념에 상당한 수정을 가한다. 이들에 따르면 사회적 부의 창출은 "점점 더 우리가 생명정치적 생산이라 부르고 싶은 것, 즉 사회적 삶 자체를 생산하는 쪽으로 향하는 경향이 있다. 이러한 생산에서 경제적인 것, 정치적인 것, 문화적인 것은 점차 서로 중첩되고 서로를 포함하게 된다".[7] 두 사람은 생명권력을 "자본에 의한 사회의 **실질적 포섭**"으로 묘사한다.[8] 이들은 어디에나 존재하면서 모든 것을 망라하는 생명권력 개념을 프랑스 철학자 질 들뢰즈가 발전시킨 관념과 연결한다.[9] 들뢰즈는 짤막한 글에서 전후戰後 서양 사회가 "훈육 사회"에서 "통제 사회"로 꾸준히 변화해 왔다고 주장한다. 통제는 학교·공장·병원과 같은 훈육장치보다는 유동적이고 유연한 실존existence의 네트워크를 통해 작동한다. 들뢰즈를 따라 하트와 네그리는 생명정치를 "사람들population의 의식과 신체에 깊숙이 침투할 뿐 아니라 사회적 관계 전

6 Hardt and Negri, *Empire*, p. 32[『제국』, 65쪽].
7 *Ibid*., p. xiii[같은 책, 17~18쪽].
8 *Ibid*., p. 255(강조는 원문)[같은 책, 341쪽].
9 Gilles Deleuze, "Postscript on Control Societies", *Negotiations, 1972~1990*, New York: Columbia University Press, 1995[「추신: 통제 사회에 대하여」, 『대담: 1972~1990』, 김종호 옮김, 솔, 1993].

반으로 확장되는 통제" 형태로 간주한다.[10] 생명정치는 하나의 전체로서 사회적 삶을 겨냥하는 동시에 일상의 매우 내밀한 세부 사항까지 개인의 실존에 관여한다.

하트와 네그리는 푸코가 훈육권력 패러다임에 지나칠 정도로 집착한다고 비판한다. 물론 이러한 평가는 푸코가 분석한 자유주의 통치와 신자유주의 통치를 감안하면 터무니없어 보인다(이 책의 3장을 참조하라). 아무튼 하트와 네그리는 푸코가 생명정치에 관한 "구조주의 인식론"[11]에 집착하고 정태적인 관념에 머문다고 비판한다. 두 사람의 해석에 따르면 푸코는 상명하복식 권력 과정에 지나치게 집중하지만, 이에 반해 자신들은 제국의 생산적 '동력'과 창조적 잠재력에 주목한다. 이러한 상이한 초점을 개념적으로 구분하기 위해, 이들은 후속 작업인 『다중』에서 '생명권력'과 '생명정치'를 이전에 비해 엄밀하게 구별한다. "생명권력은 주권적 권위로서 사회 위에 군림한다. 그것은 사회를 초월해 있으면서 사회에 질서를 부여한다. 반면에 생명정치적 생산은 사회에 내재하고 있으며 협력적인 노동 방식을 통해 사회적 관계와 형태를 창출한다."[12]

여기서 "생명정치적 생산"이라는 개념은 자본주의적 사회화에 존

---

10 Hardt and Negri, *Empire*, p. 24[『제국』, 54쪽].

11 *Ibid.*, p. 28[같은 책, 59쪽].

12 Hardt and Negri, *Multitude: War and Democracy in the Age of Empire*, New York: Penguin, 2004, pp. 94~95[『다중: 제국이 지배하는 시대의 전쟁과 민주주의』, 서창현·정남영·조정환 옮김, 세종서적, 2008, 144쪽]. 또한 Negri, *Reflections on Empire*, pp. 73~74[『다중과 제국』, 111~115쪽]도 참조.

재하는 이중적인 경향을 지칭한다. 첫번째 경향은 정치와 경제의 분할이 전면적으로 소멸되는 현상이며, 이는 자본주의 생산의 새로운 단계를 표시한다. 하트와 네그리가 보기에 여기서 '생명'의 창조는 더 이상 재생산 영역에 한정되지도 않고 노동 과정에 종속되지도 않는다. 정반대로 이제 '생명'이 생산 자체를 결정한다. 그 결과 생산과 재생산의 구별은 갈수록 무의미해진다. 예전에는 생명권력이 생산관계의 재생산을 가리켰고 생산관계를 보장하고 유지하는 역할을 했다면, 오늘날 생명권력은 생산의 필수 요소가 되었다. 제국은 하나의 "생명권력 체제"이며,[13] 여기서는 경제적 생산과 정치적 정체政體가 중첩되는 경향이 나타난다. 이로 인해 전통적으로 분리되었던 담론들과 실천들이 오늘날 서로 연결되어 광범위하게 수렴되고 병렬되고 있다.

> 생산은 재생산과 구별할 수 없게 된다. 생산력은 생산관계와 융합된다. 불변자본은 가변자본 안에서, 즉 생산하는 주체들의 두뇌, 신체, 협력 안에서 구성되고 구현되는 경향이 있다. 사회적 주체들은 이러한 통합된 기계의 생산자인 동시에 생산물이다.[14]

둘째, 하트와 네그리가 보기에 "생명정치적 생산"은 자연과 문화의 새로운 관계를 나타낸다. 생명정치적 생산은 "자연의 문명화"를 의

---

13 Hardt and Negri, *Empire*, p. 41[『제국』, 77쪽].
14 *Ibid.*, p. 385[같은 책, 489쪽]. 또한 Hardt and Negri, *Multitude*, pp. 334~335[『다중』, 439~441쪽]도 참조.

미하는데,[15] 여기서 '자연'이란 예전에는 생산 과정에 포함되지 않았던 모든 것을 가리킨다. 생명 자체는 기술이 개입하는 대상이 되고, 자연은 "자본이 되거나 적어도 자본에 종속된다".[16] 생물 자원이 법률적-정치적 규제의 대상이 되는 동시에 '자연' 과정은 상업적 이해관계와 잠재적인 산업적 용도에 노출된다. 그 결과 자연은 경제 담론의 일부가 된다. '지속 가능한 자본주의' 혹은 '환경 자본주의' 시대에 논쟁의 초점은 단순히 자연의 착취가 아니다. 중요한 것은 자연의 생물학적·유전학적 다양성을 경제성장으로 전환하는 문제이며, 그러한 다양성을 이용해 수익성 높은 생명 상품이나 형태를 개발하는 것이다. "산업혁명의 최초 단계에서는 기계가 소비재를 생산했으며 그다음 단계에서는 기계가 기계를 생산했다. 하지만 오늘날 우리는 기계가 생산한 원료와 식품, 간단히 말해 기계가 만든 자연과 문화를 마주하고 있다."[17]

하트와 네그리는 이같이 경계가 이중으로 소멸하는 현상을 근대에서 탈근대로의 이행으로 이해한다. 즉 경제와 정치, 자연과 문화가 수렴하기 때문에 외부의 관점——제국에 대항할 수 있는 삶이나 진리가 [외부에] 있다는 생각——은 더 이상 존재할 수 없다. 이러한 진단이 그들의 분석을 관통하고 있는 내재성immanence의 관점을 뒷받침한다. 제국은 자신이 전개되는 세계[자체]를 창조한다.

---

15 Hardt and Negri, *Empire*, p. 187[『제국』, 253쪽].
16 *Ibid.*, p. 272[같은 책, 361쪽].
17 *Ibid.*, p. 272[같은 책, 360쪽].

생명권력은 사회적 삶을 그 내부로부터 조절하고 추적하고 해석하고 흡수하고 재접합하는 권력 양식이다. 모든 개인이 권력을 자발적으로 수용하고 재가동할 정도로 권력이 개인의 통합된 필수vital 기능이 될 때야 비로소 권력은 인구의 전체 생명을 효과적으로 지도할 수 있다.[18]

제국 체제가 주체를 지배하는 동시에 생성하고, 자연을 착취하는 동시에 생산하는 단계에서 우리는 "자기 생산하는autopoietic 기계"를 다루고 있는 것이다.[19] 그리고 이런 기계는 그 자신이 창출한 내재적 논리와 정당화로 끝없이 회귀하는 속성을 지닌다. 이러한 새로운 생명정치적 현실 때문에, 이항 대립에 따라 움직이는 이분법적 관점은 더 이상 유지될 수 없다. 토대와 상부구조, 물질적 실재와 이데올로기적 장막, 존재와 의식 등의 대립은 폐기되어야 할 것이다.

2. 다중과 생명권력의 역설

이 지점에서 모든 것을 경계 없이 망라하는 지배 체계에 관한 설명은 저항과 해방에 대한 전망으로 되돌아간다. 한편으로 하트와 네그리는 사회 전체가 자본에 포섭될 것이라 주장하지만, 다른 한편으로는 이 암울한 진단을 혁명의 희망과 연결한다. 생명정치는 모든 사람을 효용과

---

18 Hardt and Negri, *Empire*, p. 23~24[『제국』, 53쪽].
19 *Ibid.*, p. 34[같은 책, 68쪽].

가치의 순환으로 포획하는 사회적 관계를 구성하지만, 이와 함께 새로운 정치적 주체를 위한 토대도 마련한다. 두 사람이 묘사한 생명정치 체제는 연합적인 협력 형태를 위한 물질적 조건을 내재하고 있으며, 이를 통해 자본주의 생산관계의 구조적 제약들을 폐기할 수 있다. "제국은 근대적인 권력 체제보다 훨씬 강력한 해방의 잠재력을 창출한다. 제국은 우리에게 통치command 기계를 제공하지만 동시에 대안도 제시하기 때문이다. 대안이란 착취당하고 종속된 모든 자, 바로 다중multitude을 말한다. 다중은 아무런 매개도 거치지 않고 직접적으로 제국에 대항한다."[20]

하트와 네그리는 제국의 주권에 대립하면서 출현하는 '다중'에 주목한다. 이들은 '다중'이라는 용어를 통해 고전 정치 이론에서 유래한 개념을 상기시키고 있다. 이 용어는 근대 초기의 철학자 스피노자의 사유에서 핵심적인 역할을 수행했다. '다중'은 이질적이고 창조적인 행위자 전체를 가리키며, 이들은 권력 관계 안에서 움직이기는 하지만 보다 높은 권위나 본질적인 동일성에 호소하지 않는다. 다중은 "전 지구화된 생명정치 기계"[21] 내부에 위치한 새로운 생산 조건에 힘입어 형성된다. "전 지구화로 인해 탄생한 생산적이고 창조적인 주체성들로 구성된 복수의 다중"[22]은 "제국 안에서 성장하는 살아 있는 대안"[23]이기도 하다.

---

20 *Ibid*., p. 393[같은 책, 498쪽].
21 *Ibid*., p. 40[같은 책, 76쪽].
22 *Ibid*., p. 60[같은 책, 101쪽].
23 Hardt and Negri, *Multitude*, p. xiii[『다중』, 18쪽].

생산과 권력의 새로운 구조가 촉진하는 역량, 정서, 상호작용 방식은 역으로 이러한 구조를 침식하기도 한다. 왜냐하면 그러한 구조가 독점과 착취에서 스스로를 분리하며, 자율적이고 평등한 삶의 형태와 생산관계를 욕망하도록 촉진하기 때문이다. 하트와 네그리는 하나의 [새로운] 변혁 세력을 전망하고, 민족, 국민, 계급 구조와 같은 정치적 재현을 벗어나 다양한 사회적 저항을 결합하는 하나의 연합 형태를 묘사하고 있다.[24] 다중은 전 지구적 대항 세력으로서 지배로부터 해방될 잠재력을 함축하고 있으며, 새로운 삶과 노동 방식을 전망하게 해준다.

생명권력이 생명을 통제하는 권력을 뜻한다면, 바로 정확히 이러한 생명에 근거해 대항 권력과 저항 방식이 구성될 것이다. 생명정치는 생명권력과 대립할 뿐만 아니라 존재론적으로도 생명권력에 선행한다. 생명권력은 외부에 존재하는 활기 넘치고 창조적인 힘에 반응하면서 이를 조절하고 주조하려 하지만 끝내 융합하지 못한다. 여기서 생명정치는 신체와 그 힘에서 기원하는 새로운 존재론의 가능성을 가리킨다. 이러한 사유는 푸코가 생명정치를 갈등의 영역으로 언급하고 저항의 중심성을 강조한 것에서 그 근거를 찾는다.

저항이 없으면 권력 관계도 없습니다. 권력 관계란 복종과 관련된 문제에 불과하기 때문입니다.……그러므로 저항이 [권력에] 우선하며 [권력] 과정의 힘보다 항상 우세합니다. 권력 관계는 저항으로 인한 변

---

24 Hardt and Negri, *Multitude*, pp. xiv~xv[『다중』, 18~20쪽].

화를 쫓아갈 뿐입니다. 그러므로 제 생각에는 이러한 [권력과 저항의] 동학에서 **저항**이 중심적인 용어, 즉 키워드라고 할 수 있습니다.[25]

다중의 투쟁은 제국 외부의 관점이 있을 수 없다는 기본 전제를 충실히 따른다. 그런 투쟁은 "오직 내부만을 알 뿐이다. 사회 구조를 극복할 [외부적] 가능성이 없기 때문에, 다중의 투쟁은 일련의 사회 구조에 대한 참여가 필수적이고 불가피하다고 생각한다. 이러한 내부는 대중지성mass intellectuality과 정서 네트워크의 생산적인 협력을 뜻하며 탈근대적 생명정치의 생산성을 가리킨다".[26] 하트와 네그리의 해석에 따르면 생명권력의 모순은 지배 체계를 유지하고 보존하는 동일한 힘과 경향이 그와 동시에 이 체제를 잠식하고 전복할 잠재력을 지닌다는 점에서 발생한다. 정확히 말해 이러한 체계적 결합이 총체적이고 보편적이기 때문에 지배 체제는 취약해지고 위험에 처하게 된다. "제국적 수준의 생명권력은 생산과 삶을 일치시키는 경향을 보인다. 이 때문에 계급 투쟁은 삶의 전 영역에 걸쳐 분출할 잠재력을 지닌다."[27]

이러한 해석에서 제국은 정치적 조각 퍼즐이다. 한편으로 제국은 생명력에 대한 완전히 새로운 통제를 나타낸다. 제국은 모든 사회적 관계로 확장되고 개인의 의식과 신체로 침투한다. 다른 한편으로 제국적

---

25 Foucault, "Sex, Power, and the Politics of Identity", *Ethics: Subjectivity and Truth: Essential Works of Michel Foucault*, Vol. 1, New York: New Press, 1997, p. 167(강조는 원문).

26 Hardt and Negri, *Empire*, p. 413[『제국』, 520쪽].

27 *Ibid.*, p. 403[같은 책, 509쪽].

지배는 경계가 없으며 사회적 영역과 행동의 영역 간의 전통적 구별을 넘어서기 때문에 투쟁과 저항은 언제나 이미 경제적·정치적·문화적이다. 게다가 투쟁과 저항은 생산적이고 창조적인 차원을 내포한다. 투쟁과 저항은 확립된 지배 체계에 대항하기도 하지만 새로운 종류의 사회적 삶과 정치적 행동도 창조한다. 투쟁과 저항은 "생명정치적 투쟁, 다시 말해 생활 방식을 둘러싼 투쟁이다. 그것은 구성하는 투쟁이며, 따라서 새로운 공적 영역과 공동체 형태를 창출한다."[28]

3. 존재론과 내재성

『제국』에서 제시되고 나중에 『다중』에서 확장된 현 시기에 대한 진단은 활발한 이론적 논쟁의 대상이 되었다. 일부 논평자는 하트와 네그리의 테제에서 자본주의 비판을 대대적으로 혁신하는 "21세기판 공산주의 선언"을 발견한다.[29] 다른 사람들은 동일한 테제에서 "명백하게 천박한 퇴보 경향이 나타난다"고 해석하기도 한다.[30] 하트와 네그리의 주장 가운데 비난이 쏟아진 지점은 근대와 탈근대, 제국주의와 제국을 구조적으로 완전히 구분한 부분이었다. 이러한 반론에 따르면 다양한 지배와 착취의 [근대적] 형태가 여전히 존재하고 있으며 그것들은 서로

---

28 Hardt and Negri, *Empire*, p. 56[『제국』, 95쪽].

29 Slavoj Žižek, "Have Michael Hardt and Antonio Negri Rewritten the Communist Manifesto for the Twenty-First Century?", *Rethinking Marxism*, 13(3/4), 2001.

30 Jörg Lau, "Biomacht und Kommunismus", *Die Zeit*, 23, 2002.

상보적이다. 하트와 네그리는 모든 '근대적' 차이와 이원성이 경향적으로 소멸하거나 사회적 타당성을 상실한다고 예견하지만, 많은 사람이 이런 주장에 동의하지 않는다. 이항 코드, 훈육 테크닉, 위계 구조는 자신의 대상과 내용을 부드럽게 조정함으로써 그 영향력을 유지하고 있다. 그럼에도 하트와 네그리는 이질적인 권력 테크놀로지들의 동시성과 상호 연결을 분석에 포함하지 않고 오히려 역사적 진화와 체계적 이행의 모델을 전제로 작업한다. 이는 그들 자신이 탈근대를 근대적 개념으로 파악한다는 뜻이다.

수많은 논평·해설·비판이 『제국』과 『다중』에 쏟아졌지만 생명정치 개념에 관한 언급은 비교적으로 적은 편이다. 하지만 무엇보다도 이 부분에서 하트와 네그리의 주장이 지닌 문제가 가장 분명하게 드러난다. 이들의 중요한 과업은 "내재성의 평면에 대한 혁명적 발견"을 숙고하는 것이다.[31] 하지만 이들은 자신의 이론적 관점을 끝까지 유지하지 못하고 이론적 모순을 노출하게 된다. 이들은 제국 안에서 "외부적 입장"이 불가능하다고 설명하지만, 그들이 '생명'을 언급하는 방식은 내재성의 원리를 깨뜨린다. 이 지점에서 '생명'은 푸코의 주장과 달리 사회적 구성물이나 역사적 지식의 요소가 아니다.[32] 오히려 생명은 본원적이고 초역사적인 독립체로 기능한다. 한편으로 하트와 네그리가 제시하는 존재론적 생명정치는 너무나도 포괄적인 개념이다. 따라서 그

---

31 Hardt and Negri, *Empire*, p. 70[『제국』, 112쪽].
32 Foucault, *The Order of Things*, New York: Random House, 1970[『말과 사물』, 이규현 옮김, 민음사, 2012].

러한 개념이 어떻게 한정될 수 있는지, 그리고 다른 형태의 정치적·사회적 행위와 어떻게 접합될 수 있는지가 여전히 모호하다. 다른 한편으로 존재론적 생명정치 개념은 하트와 네그리가 요구한 내재성 분석을 무효로 만들 수 있다. "내재성의 평면"에 따라 분석하지 않아도 [존재론적으로 대립하는 제국과 다중이라는] 두 원리는 끝없이 충돌하는 잘 짜인 안무를 연출할 수 있다. 달리 말해 활기차고 자율적인 다중이 비생산적이고 기생적이며 파괴적인 제국에 대항하는 것이다.

제국의 지배에 관한 하트와 네그리의 진단은 다중에 대한 찬양과 병행된다. 오직 다중만이 생산적이고 긍정적인 데 비해 제국은 통제하고 제한한다. 두 사람에 따르면 "대신에 부패라는 특징이 고유한 신체들[다중]의 공동체를 파괴하고 그러한 공동체의 활동을 방해한다. 즉 생산적인 생명정치적 공동체가 해체되고 그러한 공동체적 삶이 좌절된다".[33] 하지만 생산이 규제와 그렇게 분명히 분리될 수 있는지 상당히 의심스럽다. 실제로 모든 생산은 언제나 이미 일종의 규제된 생산이지 않은가? 어째서 제국은 부정적인 것만 생산하고 다중은 긍정적인 것만 생산하는가? 감정이나 욕망은 언제나 이미 제국의 일부이지 않은가? 그래서 제국을 재생산하고 안정화하는 것 아닌가? 따라서 제국과 다중의 관계를 마치 존재론적인 두 독립체의 관계처럼 파악하는 것은 문제가 있어 보인다. 그 대신에 보다 타당한 분석은 자신의 내부에 양극단을 포함하고 있는 (생명정치적) 생산관계를 이해하는 것이다.

---

33 Hardt and Negri, *Empire*, p. 392[『제국』, 496~497쪽].

하트와 네그리는 역사적으로 출현하는 새로운 정치적 형상을 추적하는 데 그치지 않는다. 오히려 이들은 다중을 존재론적으로 고정시키는 경향이 있다. 예를 들어 네그리는 생명권력에 대비되는 "삶욕망" biodesire을 언급한다. "삶을 향한 욕망, 즉 강렬하고 풍부한 욕망은 삶욕망을 제한하려는 권력에 대항해 우리가 맞세울 수 있는 유일한 것입니다."[34] 하트와 네그리가 다중 자체를 급진적이고 민주적인 목표를 위임받은 평등주의적이고 진보적인 세력으로 상상할 때, 생명정치에 대한 존재론적 설명은 두 사람의 의도와는 반대로 그들의 작업을 탈정치화하는 결과를 가져올 위험이 있다. 이러한 사유 방식은 사회적 동원에 기여하기는커녕, 정치 투쟁이 추상적인 존재론적 원리의 구현——구체적인 행위자의 참여·의도·정서와 관계없이 거의 자동적으로 추진되는——에 불과하다는 인상을 풍긴다.[35]

다중이 제국에 대립하고, 아래로부터 발생하는 생산적이고 창조적인 생명정치가 위로부터 진행되는 기생적이고 흡혈적인 생명정치와 적대한다는 관점은 이론적으로 막다른 길에 봉착한다. 달리 말해 하트와 네그리는 제국의 정치적 구성이 내포한 복잡한 문제를 정당하게 평가하지 않는다. 이 문제는 활동을 방해하는 것, 즉 활동을 제한하고 그 방향을 돌리는 것보다는 특수한(따라서 선별적인) 활동들을 조장하는

34 Negri, *Negri on Negri: In Conversation with Anne Dufourmentelle*, New York: Routledge, 2004, p. 65[『귀환: 네그리가 말하는 네그리』, 윤수종 옮김, 이학사, 2006, 90쪽].
35 Martin Saar, "Michael Hardt/Antonio Negri, Empire(2000)", Manfred Brocker Hg., *Geschichte des politischen Denkens*, Frankfurt am Main: Suhrkamp, 2007, S. 818.

것과 관련된다. 또 그것은 생산과 파괴를 대비하는 것보다는 파괴적 생산destructive production을 촉진하는 것과 관련된다. 이런 식으로 보면 제국의 정치적 구성과 결부되어 있는 문제는 하트와 네그리가 제안하는 것과 달리 생산과 비생산의 차이를 확립하거나 '삶욕망'에 원동력을 부여하는 것이 아니다. 오히려 그 문제는 다른 목표를 지닌 생산을 창출하는 것이며, 자율적이고 평등한 대안적인 삶life의 방식을 위한 욕망을 배양하는 것이다.

6장

정치의 소멸과 변형

푸코주의 생명정치를 보다 발전시키고 현재화하는 논쟁에서 아감벤의 저술과 하트·네그리의 작업이 매우 중요했으며 이들의 기여가 결정적이었다는 사실에는 의심의 여지가 없다. 그렇지만 그 외에도 많은 사람이 생명정치 개념을 붙들고 씨름했다. 일반적으로 말해 생명정치라는 용어를 채택하는 두 주요 계열이 존재한다. 첫번째 계열은 철학과 사회이론, 정치 이론에서 두드러지게 나타나며, 이번 장에서 이를 다룰 예정이다. 이 연구 분야는 정치적인 것의 양식에 초점을 맞춘다. 생명정치는 어떤 식으로 작동하며, 어떤 대항 세력을 집결시키는가? 생명정치는 자신을 어떻게 다른 시대나 다른 정치 구조와 분석적·역사적으로 구별하는가? 다음 장에서는 생명정치가 중요한 역할을 수행하는 두번째 계열을 검토할 것이다. 이는 페미니즘 이론과 젠더 연구뿐만 아니라 과학기술학·의료사회학·인류학에서 비롯한다. 이들의 주된 관심사는 생명의 본질substance에 놓여 있다. 오늘날 생명과학의 혁신은 생명체living body에 대한 관념을 변화시켰다. 생명체는 유기적 기층substratum이라기보다는 읽을 수 있고 고쳐 쓸 수 있는 분자 소프트웨어로 간주된다. 이로써 생명정치의 토대·수단·목적에 관한 문제를 다른 방식으로 제기할 필요가 생겨난다.

이번 장은 이 같은 논쟁에 커다란 영향을 미친 이론적 접근 가운데 주요한 세 가지를 중심으로 살펴볼 것이다. 이들 접근은 생명정치와 '고전적' 정치의 관계라는 문제를 상이한 관점에서 고민한다. 철학자 아그네스 헬러와 페렌츠 페헤르는 생명정치를 정치적인 것의 퇴보로 이해한다. 왜냐하면 생명정치가 신체와 직접적인 관계를 맺으므로 자유를 위협하는 전체주의 경향을 내포한다고 보기 때문이다. 이와 달리 사회학자 앤서니 기든스는 생활정치라는 개념을 제시한다. 여기서 생활정치는 전통적 형태의 정치적 주장articulation과 대표representation를 보완하고 증진한다. 의료인류학자인 디디에 파생은 제3의 입장을 택한다. 파생의 용어 '생명정당성'은 기존 정치 형태를 부정하지도 않고 지속시키지도 않는다. 오히려 생명정당성은 정치의 근본적인 재배치를 가리키는데, 이를 통해 아프거나 부상당한 신체에 결정적인 정치적 의미가 부여된다.

1. 신체정치

정치철학자 페렌츠 페헤르와 아그네스 헬러는 1994년 『생명정치』를 출간했다. 이 책은 푸코가 빚은 생명정치 해석뿐만 아니라 자연주의와 정치주의 이론 전통과도 분명히 구분되는 관점을 생명정치 연구 분야에 제시했다. 여기서 생명은 정치의 토대나 대상이 아니라 대항 프로그램counterprogram이다. 두 사람은 신체의 사회적 의미가 증가하는 현상을 정치의 퇴보로 간주하고 생명정치를 "전통적인 근대 정치"와 뚜렷이 구분한다.[1] 그런데 이러한 구분은 푸코가 주권권력과 생명권력 사이에 설정한 단절과 달라 보인다. 분명히 페헤르와 헬러는 개인의 훈육과 집합적 신체의 조절을 구별하면서 푸코가 규정한 생명정치를 참조한다.[2] 하지만 이들은 생명정치를 근대성의 산물이 아니라 오히려 근대성의 안티테제로 본다.

이들의 분석에서 핵심적인 부분은 건강·환경·젠더·인종을 둘러싸고 1990년대 미국에서 전개된 미디어 및 학계의 논쟁과 토론에 의존한다. 두 사람은 이 같은 '생명정치적' 주제들을 근대성의 정치 이론 내에 위치시킨다. 이들은 생명정치를 근대와 더불어 등장해 여전히 중요성이 증대하고 있는 "신체정치"body politics로 이해한다.[3] 보건 문제에서 '인종 문제'까지 『생명정치』는 신체정치에서 나타난 역사적 변이를 추적하고 그 결과를 탐색한다. 페헤르와 헬러는 생명정치 문제들에 관한 논의를 위협하는 "전체주의적 독소"에 관심을 기울인다.[4] 그들의 비판

---

1 Ferenc Fehér and Agnes Heller, *Biopolitics*, Aldershot, UK: Avebury, 1994, p. 38. 또한 Heller, "Has Biopolitics Changed the Concept of the Political?: Some Further Thoughts about Biopolitics", Agnes Heller and Sonja Puntscher Riekmann eds., *Biopolitics: The Politics of the Body, Race, and Nature*, Aldershot, UK: Avebury, 1996 참조.

2 Fehér and Heller, *Biopolitics*, p. 10

3 *Ibid.*, p. 17; Heller, "Has Biopolitics Changed the Concept of the Political?", Heller and Riekmann eds., *Biopolitics*, p. 3.

은 신사회운동, 특히 페미니즘과 평화운동을 겨냥하고 있지만, 이와 함께 학계의 '포스트모던' 문화 좌파 역시도 겨냥한다.

페헤르와 헬러는 나치즘이 "생명정치의 초기 실험"이라 언급한다.[5] 이들이 보기에 오늘날 생명정치는 나치즘과 구별되며, 그 자체로 민주적 절차에 통합되어 있다. 두 사람은 현대 생명정치의 "지적 스승"을 전후 프랑스 철학에서 찾는다.[6] 이들이 볼 때 전후 프랑스 철학은 보편적 원리를 의심하고, 단호하게 '차이'를 옹호하며, 윤리적 문제보다 미적인 것을 우위에 둔다.[7] 페헤르와 헬러는 오늘날 생명정치를 이해할 때 자유와 생명 사이에서 벌어지는 충돌이 결정적이라고 본다. 이들은 새로운 생명정치가 1980년대 평화운동 기간에 '데뷔'했다고 주장한다. 평화운동은 소비에트 정치의 공격성을 제대로 평가하지 못했고, 그 결과 전제와 억압으로부터의 자유보다 생명과 생존에 더 높은 가치를 부여했다.[8] 페헤르와 헬러가 보기에 생명정치적 운동과 입장의 특징은 자유보다 생명을 높이 평가하는 경향에 있다. 그렇기에 두 사람은 "존엄한 신체라는 미명하에 자유가 희생되는 단계"를 강력히 경고한다.[9]

페헤르와 헬러의 논의를 살펴보면 이들이 생명정치에 관해 판단하면서 다양한 영역의 사회적 행위자와 정치적 이해관계를 포괄적으로

4 Fehér and Heller, *Biopolitics*, p. 27.
5 *Ibid.*, p. 21.
6 *Ibid.*, p. 51.
7 *Ibid.*, pp. 51~57.
8 *Ibid.*, p. 22.
9 *Ibid.*, p. 104.

다루고 있음을 알 수 있다. 이들 영역에는 평화운동은 물론이고 페미니스트 입장과 보건 및 환경 단체가 포함되며, 낙태권 논쟁에 관여하고 있는 임신중절 찬성파와 반대파 역시 포함된다. 이 모든 경우에 공통적으로 "신체를 구속에서 해방하는 일이 유행병처럼 번졌"지만, 그것이 유발한 문제는 아예 인식되지 않았거나 불충분하게만 인식되었다.[10] 페헤르와 헬러의 분석은 일련의 예리한 관찰과 비판적 주장을 담고 있지만, 전체적으로 볼 때 놀라울 정도로 일면적이고 모호하다. 이는 무엇보다 이들이 범주적 명확성과 분석적 정확성보다는 논쟁 전략을 선호하기 때문이다. 그렇기는 하지만 이들은 사회적 조건들의 '생물학화'가 지닌 다분히 문제적인 성격을 지적하고 있으며, 또한 건강 담론이 내포한 도덕적인 문제적 성격을 올바르게 비판하고 있다.[11]

하지만 이들의 생명정치 분석은 두 가지 점에서 환원주의적이다.[12] 첫째, 페헤르와 헬러는 생명정치 테마를 다룰 때 자유와 전체주의를 대립시킨다. 이러한 시각은 이들이 살면서 겪은 체험에서 생겨난 것인 듯하다. 예전에 두 사람은 헝가리 사회주의 독재 정권의 반체제 인사였으며, 1970년대에 미국으로 이주했다. 하지만 그 이후 역사적·정치적 맥락이 변했고, 자유와 생명 사이의 기본적 선택만 가지고는 이런 상황에서 제기된 생명정치 문제의 복잡성을 제대로 해명할 수 없다. 건강·젠

---

10 *Ibid.*, p. 9.
11 *Ibid.*, pp. 67~68 참조.
12 Thomas Saretzki, "Rezension zu Fehér/Heller: Biopolitik", *Politische Vierteljahresschrift*, 37(1), 1996 참조.

더·환경·민족ethnicity 등 자유민주주의 사회에서 나타나는 문제들을 검토하기는 하지만 이들은 그 문제들의 심각성을 체계적으로 과소평가한다. 두 사람의 이론 체계에서 분배 정의와 참여, 연대 같은 이슈는 완전히 무시되거나 제기되더라도 무조건 전체주의 지배의 징후로 해석된다. 나아가 페헤르와 헬러는 자신들이 다루는 많은 문제가 명확한 분석적 규정이나 규범적 판단을 벗어난다는 사실을 인식하지 못한다.

둘째, 페헤르와 헬러는 생명정치의 범위와 차원을 너무 좁게 해석한다. 이들은 원칙적으로 생명정치를 고전적인 정치를 대체하는 모델로, 다시 말해 일종의 반反정치로 이해한다. 그러나 자세히 살펴보면 두 사람은 분명히 '생명정치'라는 용어를 매우 제한적으로 사용하고 있다. 생명정치는 그저 신체와 관련된 테마를 겨냥한 특정 형태의 정치 활동을 가리킨다. 그러니까 이들은 환경적 테마나 비인간적 쟁점을 포괄하는 넓은 의미의 생명 과정을 중요하게 분석하지 않는다. 대신에 두 사람은 인간 신체에 초점을 맞춘 정치 활동만 배타적으로 다룬다. 이들에게 인간 신체의 '해방'은 동물권이나 생명 특허와 관련해 제기되는 수많은 생명정치적 갈등과 무관한 것이다.

이처럼 페헤르와 헬러는 생명정치의 경험적 범위를 상당히 좁힌다. 그러나 문제는 여기서 그치지 않는다. 생명정치 현상을 분석할 때 이들이 사용하는 방법 역시 매우 선별적이고 일면적이다. 두 사람은 주로 이데올로기 비판의 관점에서 생명정치적 문제와 테마를 다루는데, 그 결과 이런 문제와 테마는 사실상 구체성을 결여하게 된다. 간접흡연의 위험을 언급하고 천연자원의 고갈이나 생물 멸종을 분석하는 경우에도 이들은 그러한 문제가 내포한 구체성을 등한시한다. 반면에 이들은 그저 '도구화'와 '기능화'가 발생할 수 있다는 관점에서 이 논쟁들에 접근할 뿐이다.

페헤르와 헬러가 제기하는 질문들은 분명히 탐구해 볼 만한 가치가 있다. 예를 들어 이들이 주장하듯 수많은 사회운동이 생명과 생명의 증진에 준거해 자신의 주장을 개진하지만, 오히려 이로 인해 자유가 제한되고 새로운 형태의 배제와 억압이 탄생하고 있다. 그럼에도 불구하고 이들의 분석은 전체적으로 너무 도식적이다. 설사 두 사람이 채택한 관점(자유와 생명의 이원론)이 오늘날 생명정치를 분석하는 데 적합하다 할지라도 그들의 주장에는 여전히 모호한 측면이 남아 있다. 두 사람은 자신이 발견한 모순을 어떤 식으로 해결하려 하는가? 생명과 자유라는 두 가치를 어떤 식으로 매개하려 하는가? 그런데 이들의 저술을 읽다 보면 오히려 이들이 이런 모순을 가짜 문제로 여기는 것처럼 보인다. 왜냐하면 어떤 경우든 자유가 생명에 우선하기 때문이다. 따라서 이들의 분석은 종국에는 일련의 대립쌍——근대성과 탈근대성의 대립, 전통적 정치와 생명정치의 대립, 자유와 생명의 대립——으로 환원될 수 있는 비교적 단순한 이론틀 내에 머물러 있다.

2. 생활정치

1990년대에 헬러와 페헤르가 생명정치에 대한 비판을 다듬는 동안 저명한 사회학자 앤서니 기든스는 '생활정치'life politics 개념을 고안했다.[13] 기든스는 푸코를 명시적으로 언급하지도 않고 푸코가 해석한 '생명정치'를 참조하지도 않는다. 대신에 그는 자신의 성찰적 근대화 이론을 준거틀로 사용한다. 성찰적 근대화는 울리히 벡의 '이차 근대성' 개념과 여러모로 유사하지만 결정적인 차이도 존재한다.

기든스는 20세기 마지막 10년 동안 근대성이 새로운 단계, 이른바 후기 근대late modern로 진입했음을 관찰하면서 분석을 시작한다. 이러한 새로운 단계는 포스트모던식 진단이 제안하는 것과 달리 근대의 종말이 아니라 근대의 진일보와 급진화를 가리킨다. 그는 근대라는 조건 속에 존재하는 "존재론적 안정성" 문제에서 출발한다. 그가 보기에 사회적 현실과 관련된 불안정과 불확실은 전근대의 잔재가 아니라 정반대로 근대성의 업적이다. 그의 주장에 따르면 근대성은 승인된 전통에 대한 의심과 근본적 진리에 관한 회의를 배양하고 제도화했다. 근대성은 인정된 전통과 근본적 진리를 합리적 논증과 민주적 협상에 열어 놓았고, 그럼으로써 새로운 전통과 확신을 건설할 토대를 제공했다.

기든스 주장의 핵심은 성찰성reflexivity 개념이다. 그에 따르면 근대성은 관습의 지속적 수정을 특징으로 하는데, 이러한 수정은 원칙적으로 모든 생활 영역과 행위 영역을 망라한다. 기든스는 사회적 실천이 그것에 대한 새로운 지식을 바탕으로 끊임없이 검토되고 변화된다

---

13 Anthony Giddens, *Modernity and Self-Identity: Self and Society in the Late Modern Age*, Cambridge, UK: Polity, 1991[『현대성과 자아 정체성』, 권기돈 옮김, 새물결, 2001]. 또한 Giddens, *The Consequences of Modernity*, Cambridge, UK: Polity, 1990[『포스트 모더니티』, 이윤희·이현희 옮김, 민영사, 1991]도 참조.

고 주장한다. 이러한 관점에서 보면 참여자의 지식은 그 자체로 사회적 실천의 한 요소이다. 그렇지만 근대 사회는 사회적 삶의 성찰성 때문에 대가를 치렀다. 성찰성 원칙이 근대 사회 자체에 적용되어야 하므로, 근대 사회는 안정적이고 근본적인 지식이라는 관념을 서서히 잃어버린 것이다. 그 결과 지식의 내용과 생산이 잠정적이고 수정 가능한 것으로 간주되었다.

후기 근대성은 이러한 문제를 두드러지게 만든다. 기든스는 지식의 종류가 증가하고 개입의 가능성이 증대하는 현상이 후기 근대의 특징이라 본다. 이 같은 지식과 개입은 제도화된 성찰성으로 나타나고 신체와 자아에 관한 성찰적 개념으로 표출된다. 삶에 대한 미리 규정된 관념과 엄격한 사회적 역할 대신에 협상과 선택, 의사 결정의 문화가 점점 더 중요해진다. 생활 방식 역시 전례 없이 자유롭게 변경할 수 있는 것으로 변화한다.

기든스는 근대성에서 후기 근대성으로 이행하면서 정치적인 것 또한 근본적으로 변화한다고 이해한다. 그의 주장에 따르면 근대성은 대체로 자신이 "해방정치"emancipatory politics라고 통칭한 정치 형태를 취한다. 이 정치는 사회적이고 정치적인 억압에서 벗어나고 부당한 지배를 극복하려는 실천을 말한다. 해방정치는 권력의 세 가지 증상인 착취·불평등·억압에 대항하고 그런 다음 정의·평등·참여라는 관념을 사회 제도에 정착시키려 시도한다. 해방정치의 목표 중 하나는 뭔가를 박탈당한 집단을 이들이 처한 상태에서 해방하는 것이며, 적어도 집단 간에 존재하는 권력 불균형을 줄이는 것이다. 해방정치에 대한 헌신이 근대성 기획을 결정적으로 진일보시켰지만, 오늘날에는 근본적으로 상이한 사고방식을 대변하는 새로운 종류의 정치가 대두하고 있다. 기든스는 이러한 새로운 정치 형태를 "생활정치"로 묘사하는데, 이는 "모든 종류의 삶의 방식이 충족되고 실현될 가능성을 증진하려는 급진적인 개입"이다.[14] "해방정치"가 삶의 기회를 위한 정치라면, "생활정치"는 라이프스타일의 정치를 추구한다. 또한 해방정치가 정의와 평등이라는 관념을 상기시킨다면, 생활정치는 자아 실현과 자아 정체성의 추구를 동력으로 삼는다. 그리고 생활정치는 정치적 강령이 아니라 개인적 윤리에 바탕을 둔다. 기든스가 볼 때 신사회운동, 특히 페미니즘의 참여자들이 이런 새로운 형태의 정치를 옹호하는데, 이들은 개인적인 것을 정치적인 것과 결합한다.

기든스에 따르면 두 가지 상호 보완적인 과정이 그러한 정치 형태를 가능하게 했다. 첫째, 신체와 자아가 지식 형성 과정에 점점 더 종속되고, 또한 점점 더 유연하고 변형 가능한 것으로 간주된다. 신체는 더 이상 확고한 생리학적–생물학적 독립체가 아니라 성찰적 근대성 기획에 연루된 것으로 취급된다. 탈전통 사회에서는 개인의 신체가 사회적 정체성 형성에서 핵심적 준거점으로 기능한다. 둘째, 생명공학적·의학적 개입이 점점 더 활기를 띠게 되었는데, 기든스가 보기에 그러한 개입은 결정적인 역할을 수행하면서 "자연의 종말"을 야기한다.[15] 자연은

---

14 Giddens, *The Consequences of Modernity*, p. 156[『포스트모더니티』, 162쪽].
15 Giddens, *Modernity and Self-Identity*, p. 224[『현대성과 자아 정체성』, 352쪽].

우리의 숙명이기를 멈추게 된다. 기든스에 따르면 예전에 운명이 자리하던 곳에 이제는 변형과 개입의 기회가 존재하고, 가용한 옵션들 중에서 선택해야 하는 필연성이 존재한다.

예를 들어 기든스는 생식[출산] 기술들을 언급한다. 이 기술들은 다양한 선택을 가능하게 하고, 섹슈얼리티를 생식에서 분리하며, 출산과 부모다움parenthood의 전통적 관념을 진부한 것으로 만든다. 기든스에 따르면 이제 생식은 더 이상 우연이나 운명의 문제가 아니며 오히려 개인의 선호와 선택을 표현한다. 그런데 "자연의 소멸"과 새로운 선택권의 등장은 생식 문제만이 아니라 육체적 외양와 성적 지향에 관한 문제에도 영향을 미친다. 이것들이 점점 더 변화·수정·개입될 수 있는 대상으로 등장하는 것이다.

개인의 정체성 형성에 관한 생명공학적·의학적 혁신의 효과는 '생활정치'를 구성하는 한 가지 측면에 불과하다. 기든스는 개인의 결정과 일상적 실천도 강조하는데, 이것들이 거시적 과정과 지구적 현상에 큰 영향을 미치기 때문이다. 예를 들어 생식에 관한 결정은 개인의 선택을 인류의 생존 문제와 결합한다. 마찬가지로 라이프스타일, 소비자 선택, 생태 문제는 별개의 사안이 아니며 서로 연결되어 있다.

생활정치는 그 근저에서 '우리가 어떻게 살아야 하는가?'라는 질문을 제기한다. 기든스가 보기에 이러한 질문은 탈전통적인 맥락에서 해명되어야 한다. 일상적인 행위와 사생활의 층위에서뿐 아니라 집합적 실천의 영역에서도 윤리적 질문이 제기되고 공개적으로 논의되어야 한다. 추상적인 통계와 확률 계산, 리스크 평가는 [인간의] 실존에 관한 판단으로 번역되어야 한다. 또한 명백한 확실성과 과학적 설명은 도덕적 딜레마로 대체되어야 한다. 이러한 방식으로 생활정치는 사회적 삶의 재도덕화에 기여하며, 이제까지 근대 제도에서 주변화되거나 억압되었던 문제를 새로운 감수성으로 조명해 준다.[16]

분명 기든스의 주장은 고려할 만한 가치가 있지만, 그의 생활정치 개념은 전반적으로 타당성이 떨어진다. 무엇보다도 개념적 구별이 엉성하기 때문이다. 해방정치와 생활정치는 보다 정교하게 구분될 필요가 있다. 이러한 현상은 고전 근대와 후기 근대의 구별에서도 유사하게 반복된다. 한편으로 기든스는 근대성의 연속성을 강조하지만 다른 한편으로 근대 기획에 하나의 결정적 단절이 있음을 인정한다. 그의 주장은 이런 두 입장 사이에서 끊임없이 동요하는데, 이로부터 다음과 같은 두 가지 문제가 발생한다.

첫째, 기든스가 후기 근대성의 전형이라고 간주한 현상은 대부분 이전 시기에 출현한 것이다. 따라서 그가 확인한 근대성과 후기 근대성의 단절은 그 자체로 근대성의 고유한 특징이다. 또한 그의 근대 개념은 일차원적이고 환원적이다. 그가 사용하는 근대성 개념은 개인의 자율, 자기 결정, 자유로운 행위의 원칙에 크게 의존하며, 반대로 근대성의 미학적이고 문화적인 측면은 사실상 무시한다. 그 결과 기든스는 근대성 기획 내부에서 제기된 다른 목소리들을 간과한다. 이들은 근대성의 이름으로 행해진 물화·소외·억압을 비판하기 위해 근대성의 한계

---

16 Giddens, *Modernity and Self-Identity*, p. 223[『현대성과 자아 정체성』, 351쪽].

와 모순에 주목했다.

둘째, 기든스의 생활정치 개념은 기묘하게도 반정치적이다. 왜냐하면 이 개념은 근대 질서를 극복하는 저항적이고 전복적인 계기를 전혀 고려하지 않기 때문이다. 성적·종교적·민족적 소수자들은 포스트모던한 '정체성 정치'를 통해 차이를 요구하고 근대성의 보편주의에 도전하고 있지만, 기든스 자신은 이러한 정치로부터 거리를 두려 한다. 대신에 후기 근대의 생활정치는 "라이프스타일의 정치"[17] 혹은 "자아 실현의 정치"[18]와 비슷해지기 시작한다. 하지만 기든스는 개인의 자아 실현과 집합적 의사 결정 과정이 정확히 어떤 방식으로 연결되는지, 그리고 그것이 가능하려면 어떠한 종류의 [정치적] 대표representation와 주장articulation이 요구되는지 전혀 언급하지 않는다. 이렇게 기든스의 정치 개념은 얼핏 보면 포괄적이지만 실상은 텅 비어 있다. 이 점을 고려하면 그가 개인 실존의 정치화에서 그 핵심적 차원들을 무시하는 것은 충분히 예측할 수 있는 일이다. 생활정치에 관한 기든스의 논의는 거의 전적으로 인간의 본성을 둘러싼 지식의 형태와 개입 가능성에 집중한다. 그러나 그와 대조적으로 사회적 관계와 환경 문제의 상호작용은 부차적인 문제로 치부한다.

생활정치에 관한 관심이 해방정치에 관한 관심을 대체하거나 억압하지 않는다고 해명하기는 하지만, 기든스는 암묵적으로 단계 모델을

---

17 *Ibid.*, p. 214[같은 책, 339쪽].
18 Giddens, *The Consequences of Modernity*, p. 156(강조는 원문)[『포스트모더니티』, 161쪽].

전제하고 논의를 전개한다. 그는 생활정치를 특정한 사회적 발전 단계와 결부시키고, 생활정치의 중요성을 산업화되고 '근대화된' 사회에 한정하는 경향이 있다. 게다가 그는 재분배와 불평등 문제를 정체성과 인정 문제와 분명히 구별한다. 그러나 이러한 구분이 유지될 수 있는지는 상당히 미심쩍은 문제이다. 역사적 관점으로 보나 구조적 관점으로 보나, 생활정치와 해방정치를 구별하는 것 혹은 양자를 대립적으로 규정하는 것은 도저히 불가능한 일이다.[19]

3. 생명정당성

페헤르와 헬러, 기든스의 연구에 비해 덜 알려져 있지만, 의료인류학자 디디에 파생은 '생명정당성'biolégitimité이라는 개념을 제안하고 있다. 파생이 최근에 논문과 저술을 통해 보여 준 대로 생명정치 현상은 항상 도덕적인 차원을 갖고 있다. 이는 생명정치에 관한 모든 분석이 심층적인 도덕경제 역시 고려해야 한다는 뜻이다. 파생은 도덕성을 확립된 가치나 옳고 그름의 구별로 보지 않고 일정한 역사적·지리적 맥락에서 발달한 규범으로 이해하며, 그가 보기에 이러한 규범은 민족지 조사를 통

---

19 Michael Flitner and Volker Heins, "Modernity and Life Politics: Conceptualizing the Biodiversity Crisis", *Political Geography*, 21, 2002, pp. 334~337. 이 문제에 관한 보다 자세한 논의로는 Judith Butler, "Merely Cultural", *New Left Review*, 227, 1998; Nancy Fraser and Axel Honneth, *Redistribution or Recognition?: A Political-Philosophical Exchange*, London: Verso, 2003[『분배냐, 인정이냐?: 정치철학적 논쟁』, 김원식·문성훈 옮김, 사월의책, 2014] 참조.

해 밝혀질 수 있다. 그는 도덕적 차원을 분석에 포함한다고 해서 그것이 정치적 분석을 대체하지는 않는다고 강조한다. 오히려 도덕적 차원을 고려할 때 정치적 분석이 보다 확장되고 더욱 깊어진다는 것이 그의 주장이다. 이러한 관점에서 파생의 요지를 이렇게 요약할 수 있다. 어떠한 가치 체계와 규범적 선택이 생명정치를 인도하는가?[20]

파생은 이러한 도덕적 차원의 두 측면을 구분한다. 첫째, 생명·수명·건강·질병과 관련된 문제는 사회적 불평등 문제와 분리될 수 없다. 프랑스에서는 35세 비숙련 노동자의 평균 기대수명이 같은 연령의 기술자나 교사보다 9년 정도 짧으며, 우간다에서는 통계적인 기대수명이 일본의 절반에 불과하다. 이러한 수치는 특정한 사회나 전 세계적 수준에서 발생하는 집합적 선택과 규범적 선호[체계]를 반영하고 있다. 파생에 따르면 이런 의사 결정 과정은 그 대부분이 암묵적인 상태로 남아 있다. 왜냐하면 다음과 같은 사실을 공개적으로 천명할 정부가 아직까지는 거의 존재하지 않기 때문이다. 어떤 사람들은 다른 사람보다 빨리 죽도록 방치되고 심지어 일부 사람은 다른 사람을 위해 희생되는 것을 정부가 용인할 것이라는 사실 말이다.

파생이 보기에 생명정치의 두번째 도덕적 차원은 상이한 기대수명의 차이, 부에 따른 삶의 질의 차이, 지배자와 피지배자 사이의 차별 등을 넘어선다. 양적인 기준으로든 질적인 기준으로든 생명을 비교 측정

---

20 Didier Fassin, "La biopolitique n'est pas une politique de la vie", *Sociologie et Societés*, 38(2), 2006.

하는 대신에, 도덕적 성찰의 이 두번째 형태는 생명 그 자체life itself라는 개념을 채택한다. 이 지점에서 파생은 벌거벗은 생명zoé과 정치적 삶 bíos을 구분하는 아감벤에 의존하고 있다. 하지만 그는 이들 용어를 아감벤이 사용하는 방식과 상당히 다르게 규정한다.

아감벤과 달리 파생이 보기에 신체와 국가 사이에 존재하는 생명정치적 관계는 폭력적 금지나 배제의 형태를 취하지 않는다. 오히려 파생은 신체에 작용하는 미세한 통치에 주목하는데, 이는 건강과 온전한 육체라는 핵심 가치를 중심으로 조직된다. 이러한 관점에서 '벌거벗은 생명'은 폭력에 의존하는 것을 막는 '생명정당성'의 매개자vector로 등장한다. 아감벤은 "인도주의와 정치는 다르다"고 진단하지만,[21] 파생의 관점에서 인도주의는 생명정치의 전형적인 형태이다. 여기서 인도주의는 대규모 비정부기구가 확립하고 관리하는 폐쇄적인 사회적 행위 영역이 아니다. 반대로 인도주의는 인간 생명을 절대적으로 우선시하는 도덕적 원칙을 가리킨다. 파생에 따르면 신체가 정치적 정당성의 최종 권위로 작동하는 현상이 오늘날 사회적 영역에서 점점 분명히 드러나고 있다.[22]

파생은 자신의 논제를 입증하기 위해 지난 20년간의 프랑스 난민 정책을 검토한다. 1990년대를 거치면서 서로 대립하지만 파생이 보기

21 Giorgio Agamben, *Homo Sacer: Sovereign Power and Bare Life*, Stanford, CA: Stanford University Press, 1998, p. 133[『호모 사케르: 주권권력과 벌거벗은 생명』, 박진우 옮김, 새물결, 2008, 258쪽].

22 Fassin, "La biopolitique n'est pas une politique de la vie", *Sociologie et Societés*, 38(2).

에는 상보적인 두 경향이 나타났다. 한편으로 망명 신청에 대한 승인이 1990년에 비해 6분의 1로 감소했는데, 이것은 특히 망명권에 대한 해석이 점점 더 엄격해졌기 때문이다. 다른 한편으로 고국에서는 치료가 불가능한 질병을 앓고 있어서 임시 거주권을 받은 난민이 같은 기간에 7배로 증가했다. 파생이 주장하듯이 이러한 상반된 전개 경향은 정당성의 사회적 규정에서 나타난 체계적 변화를 보여 준다.

그러니까 질병에 시달리는 인간 존재의 생명이 점점 더 인식되고 인정될수록, 종종 정치적 소요에서 발생하는 폭력을 경험한 시민으로서의 삶은 점점 더 무시된다. 정치적 삶은 박해의 역사를 재구성하면서 법적-행정적 질서에 대립하지만, 정치적 삶을 대체한 생물학적 생명은 의료적 지식의 배경에 대항해 질병의 역사를 보고한다. 생명에 대한 권리[생존권]는 점차 정치 영역에서 인도주의 영역으로 이동한다. 파생에 따르면 오늘날에는 진료 기록이 망명 신청보다 정당하다. 망명 신청은 [당국에 의해] 이유 없음으로 기각될 확률이 높지만, 임시 거주는 의학적 사유로 권고되거나 쉽게 허용될 수 있다.[23]

생물학적 생명을 가장 높은 가치로 삼는 생명정당성의 출현은 결코 난민 정책에 한정되지 않는다. 파생은 수많은 사회 영역에서 인도주의 논리를 밝혀낸다. 사회적-정치적 계획과 정책도 건강과 온전한 신체를 염두에 두면서 재배열된다. 예전에는 빈곤층이나 일탈자였던 사

23 *Ibid.*; Fassin, "The Biopolitics of Otherness: Undocumented Foreigners and Racial Discrimination in French Public Debate", *Anthropology Today*, 17(1), 2001.

람들이 이제는 점차 의학적 관리가 필요한 고통받는 신체로 간주된다. 따라서 헤로인 중독자는 위험한 범법자나 사회를 위협하는 존재가 아니라 치명적인 질병에 노출된 잠재적 희생자로 묘사된다. 마찬가지로 점점 더 많은 사람이 정신적·육체적 고통[질병]이 물질적 빈곤과 사회적 배제에서 생긴다는 식으로 이해한다.

파생은 인도주의 논리가 지고의 윤리적 이상으로 등장하는 단계, 즉 '생명정당성'에 도달한 사회적 발전을 양가적으로 평가한다. 한편으로 그는 자신이 관찰한 바를 돌봄care이 처벌을 대체하고 동정이 감시를 대신하는 경향으로 이해하고 이를 환영한다. 그렇지만 다른 한편으로는 이런 경향이 결국에는 정치적 문제를 도덕적·의학적 문제로 완화하고 재구성한다고 생각한다. 따라서 사회적 고통은 신체적 고통과 혼합되고, 사회적인 것과 의학적인 것 사이의 경계가 사라진다. 파생은 현대 사회에 대한 분석이 생명에 대한 지배power로서 생명권력을 고려해야 할 뿐만 아니라 생명을 통한 정당성으로서 생명정당성도 검토해야한다고 주장한다. 왜냐하면 통치는 신체에 대해서가 아니라 신체를 매개로 작동하기 때문이다.[24]

이제까지 우리는 신체정치, 생활정치, 생명정당성을 살펴보았다. 분명히 이런 해석 방식들은 생명정치를 파고드는 철학과 사회 이론 가운데 극히 일부에 불과하다. 이 밖에도 많은 사람이 생명정치 개념을

---

24 Fassin, "Bio-pouvoir ou bio-légitimité?: Splendeurs et misères de la santé public", Marie-Christine Granjon éd., *Penser avec Michel Foucault: Théorie critique et pratiques politiques*, Paris: Karthala, 2005.

혁신하려고 시도했는데, 그 중에서 최소한 두 가지 정도는 짚고 넘어갈 필요가 있다. [첫번째는] 『비오스: 생명정치와 철학』(2004)인데, 이 책은 이탈리아 철학자 로베르토 에스포지토의 저술 가운데 현재까지 영어로 옮겨진 유일한 것이다.[25] 이 책은 삼부작으로 구성된 시리즈의 마지막 권이자 가장 흥미로운 내용을 담고 있으며, "생명정치의 수수께끼"[26]에 대한 철학적 성찰을 시도하고 있다.[27] 에스포지토의 핵심 테제는 "면역화 패러다임"paradigm of immunization이 근대 서양의 정치 사유를 지배해 왔다는 것이다.[28] 토머스 홉스 이래의 정치 이론을 재구성하면서 그는 근대적 개념인 안전·소유·자유가 오직 면역 논리 안에서만 이해될 수 있다고 주장한다. 이러한 논리는 생명과 정치의 내적인 관련성을 특징으로 하는데, 여기서 면역은 생명을 보호하고 증진하는 동시에 생명의 팽창적이고 생산적인 힘을 제한하기도 한다. 정치적 행위와 사유는 생명의 보호와 보존을 핵심으로 하지만, 이러한 목표는 궁

---

25 [옮긴이] 렘케의 책이 출간된 이후에도 에스포지토의 저작이 꾸준히 영어로 번역되어 현재는 그의 책 열 권이 영어로 옮겨져 있다.

26 Roberto Esposito, *Bíos: Biopolitics and Philosophy*, Minneapolis: University of Minnesota Press, 2008, p. 13.

27 다음을 참조하라. Esposito, *Communitas: Origine e destino della comunità*, Torino: Einaudi, 1998; Esposito, *Immunitas: Protezione e negazione della vita*, Torino: Einaudi, 2002. 에스포지토와 그의 생명정치 개념이 현대 철학에서 차지하는 위치에 대해서는 Timothy Campbell, "Bios, Immunity, Life: The Thought of Roberto Esposito", Esposito, *Bíos*; *Diacritics*, 36(2)(Special issue: Bios, Immunity, Life: The Thought of Roberto Esposito), 2006을 참조하라[삼부작 가운데 나머지의 영어판은 다음과 같다. Esposito, *Communitas: The Origin and Destiny of Community*, Stanford University Press, 2009; Esposito, *Immunitas: The Protection and Negation of Life*, Polity, 2011].

28 Esposito, *Bíos*, p. 45.

극적으로 (자기) 파괴적인 결과를 낳는다. 다른 식으로 말하면 면역 논리는 생명을 보호하고 보존하는 만큼이나 생명 과정의 고유성을 무력화하고 그 과정을 생물학적 실존으로 축소한다. 이러한 '면역 논리'는 생명의 유지에서 생명의 보호라는 부정적 형태로 나아가며, 종국에는 생명의 부정에 이르게 된다.[29]

면역 패러다임은 생명정치의 다음과 같은 역설을 알려 준다. 생명정치의 두 차원(생명의 증진과 계발, 생명의 파괴와 제거)은 상호 대립하는 것이 아니라 실은 공통된 문제들의 구성적 양면인 것이다. 에스포지토는 나치의 인종 정책과 절멸 정책을 면역주의 합리성의 극단적 형태로 보는데, 이 형태에서 생명정치는 부정적인 죽음의 정치(즉 죽음정치 thanatopolitics)에 완전히 포위된다. 아감벤과 푸코를 따라 그는 나치즘이 근대의 정치적 사유 및 행위와 연속선상에 있다고 강조한다. 하지만 두 철학자와 달리 그는 나치즘의 특성을 [푸코처럼] 주권의 재접합[격하]이나 [아감벤처럼] 예외 상태의 지배에서 찾지 않는다. 대신에 그는 나치즘의 의학적–우생학적 목표에 주목하고 질병·퇴보·죽음에 맞서 싸우는 일의 강령적 중요성을 강조하다. 생명을 증진한다는 면역주의 기획은 궁극적으로 죽음의 수용소로 귀착된다.

나치가 최후까지 맞서 싸운 질병은 다름 아닌 죽음 자체이다. 나치가 유대인 그리고 유대인과 유사한 모든 인종에서 죽이고자 한 것은 [온

---

29 Esposito, *Bíos*, p. 56.

전하게 살아 있는] 생명이 아니라 죽음에 붙잡힌 생명이다. 그들은 유전적으로 치유될 수 없는 타고난 기형 때문에 이미 죽어 있는 생명이다. 죽음의 영향 아래 고통받고 있는 일부 사람이 독일 민족 전체를 오염시킨다.……바로 여기서 죽음은 치료의 대상이자 도구, 즉 질병이면서 동시에 치료제가 되었다.[30]

이러한 '죽음정치'는 나치즘의 종말과 함께 없어지지 않고 오늘날의 특징으로 고스란히 남아 있다.[31] 에스포지토는 죽음정치에 대항하는 모델로 '긍정의 생명정치'affirmative biopolitics를 제안한다. 긍정의 생명정치는 불완전하고 개방적인 개인적·집합적 신체를 주요한 준거점으로 삼는다. 이 신체는 동일시하고 통합하고 폐쇄하려는 시도에 맞서 스스로를 방어하며, 생명 과정에 대한 외적 지배에 대항해 생명에 내재하는 규범성을 내세운다. 긍정의 생명정치에 관한 이러한 전망은 "나치의 죽음정치를 전복할 수 있어야 한다. 그것은 [외재적인] 생명에 대한 정치가 아니라 [내재적인] 생명의 정치를 말한다".[32] 이러한 관점은 자기 파괴적인 면역 논리를 새로운 공동체 개념으로 대체할 것이다. 이 새로운 개념은 취약성·개방성·유한성 같은 개인적·집합적 신체의 구성적 특징을 퇴치해야 할 위험이 아니라 공동체의 근본 토대로 간주한다.

---

30 *Ibid.*, pp. 137~138.
31 *Ibid.*, pp. 3~7; Campbell, "Bios, Immunity, Life: The Thought of Roberto Esposito", Esposito, *Bíos* 참조.
32 Esposito, *Bíos*, p. 11(강조는 원문).

[두번째로] 프랑스 의료인류학자 도미니크 메미는 매우 상이한 출발점을 택한다. 그녀는 『살게 만들고 죽게 내버려 두다: 탄생과 죽음의 현대적 통치』에서 지난 30년간 생명정치 메커니즘에서 일어난 변화를 추적한다.[33] 그녀의 주장에 따르면 생명정치 과정은 푸코가 탐색한 훈육과 인구 조절이라는 형태를 점차 벗어나고 있다. 이와는 반대로 시민들 자신이 살아갈 권리와 죽을 권리를 결정하고 있다. 이러한 권리는 무엇보다도 삶을 시작하고 끝맺는 문제와 관련된다. 시험관 수정과 같은 생식 테크놀로지가 활용되고 있으며, 낙태는 더 이상 범죄가 아니다("살게 하거나 살지 못하게 하는 것"). 또한 말기 치료palliative care를 핑계로 죽음을 방조하거나("스스로 죽도록 내버려 두는 것") 의도적으로 자살을 돕기도 한다("누군가가 죽게 만드는 것"). 메미는 이 모든 선택에서 개인의 책임이 점점 더 증가한다고 주장한다. 그녀는 오늘날 생명정치의 결정적인 특징이 "자기 결정"이라고 지적한다. 전통적으로 국가가 맡았던 개별 신체와 전체 인구의 건강 관리는 오늘날 자기 관리 형태에 흡수된다. 그렇지만 이것은 단순히 개인의 자율성 신장을 뜻하지 않는다. 오히려 새로운 종류의 사회적 통제가 확립되며, 그 결과 신체에 관한 결정은 오직 사회적 기대와 규범에 부합할 때만 합리적이고 신중하고 책임감 있는 것으로 여겨진다.[34]

33 Dominique Memmi, *Faire vivre et laisser mourir: Le gouvernement contemporain de la naissance et de la mort*, Paris: La Découverte, 2003.

34 Memmi, "Governing through Speech: The New State Administration of Bodies", *Social Research*, 70(2), 2003.

7장

자연의 종말과 재발명

푸코의 생명정치 개념을 수용한 두번째 주요 노선은 새로운 과학 지식과 생명공학의 발전이 생명 과정에 대한 통제를 어떻게 강화하는지, 그리고 생명 개념 자체를 어떻게 결정적으로 변화시키는지에 초점을 맞춘다. 이 분야의 연구는 공통적으로 다음과 같은 견해에서 출발한다. 유기체의 자연 발생이라는 관념이 점차 생명 형태의 인공적 다양성이라는 생각으로 대체된다는 것이다. 따라서 인공적 생명 형태는 자연적 독립체들보다 기술적 인공물들과 비슷하게 된다. 몇 가지 혁신만 언급하자면, 유전학자들은 생명을 텍스트로 재규정하고 있으며, 생체의학 biomedicine은 두뇌 스캔부터 DNA 분석에 이르는 진보를 이룩했고, 이식 의학과 생식 기술이 진일보하고 있다. 이 같은 혁신은 온전한 신체라는 관념을 폐기하고 있다. 신체는 점점 더 유기적 기층substratum이 아니라 읽고 고쳐 쓸 수 있는 분자 소프트웨어로 간주되고 있다.

이러한 발전을 토대로 일련의 연구는 푸코식 생명정치 개념을 비판적으로 검토하고 수정을 가했다. 이 연구들은 정치의 변형보다는 "자연의 재발명"[1]에 보다 많은 관심을 기울인다. 여기서 전부 다룰 수 없을 정도로 이와 관련된 연구는 많고도 다양하다. 따라서 이번 장에서는 세 가지 핵심적인 연구 주제만 검토하고자 한다.

첫번째 연구 경향은 생명정치적 개입의 확장과 재배치를 강조한다. 이러한 관점에 따르면 생명공학 실천은 신체 내부를 점점 더 새로운 개입 공간으로 개척하고 있다. 나아가 생명공학 실천은 삶과 죽음 사이에 새로운 관계를 창출하고 인간과 비인간 사이에 있던 인식론적이고 규범적인 경계를 소멸시킨다. 이어서 두번째 경향으로 인류학자 폴 래비노의 테제를 간략히 소개할 것이다. 래비노의 주장에 따르면 생물학적 지식을 바탕으로 새로운 사회성sociality과 정치적 행동주의 형태가 출현하고 있다. 그런 다음 마지막 경향으로 사회학자 니컬러스 로즈가 제시한 에토스정치 개념을 검토할 것이다.

1. 분자정치, 죽음정치, 인류정치

푸코의 생명정치 개념은 여전히 온전한 신체라는 관념에 묶여 있다. 훈육 테크놀로지는 신체를 구성하고 분해하기 위해 신체를 겨냥하지만, 이 테크놀로지에 대한 푸코의 분석은 일정한 경계를 지닌 폐쇄된 신체라는 관념에 바탕을 둔다. 이와 대조적으로 생명공학과 생체의학은 푸

---

1 Donna Haraway, *Simians, Cyborgs, and Women: The Reinvention of Nature*, London: Free Association Books, 1991[『유인원, 사이보그 그리고 여자: 자연의 재발명』, 민경숙 옮김, 동문선, 2002].

코가 상상할 수 없었을 정도로 신체를 분해하고 재조합한다. 따라서 많은 저자가 푸코식 생명정치 개념이 내포한 한계를 지적해 왔다. 마이클 딜런과 줄리언 레이드가 보기에 분화자와 디지털화는 "유전자 재조합형 생명정치"를 출현시키며, 그러한 생명정치는 신체의 경계 안팎에서 작동한다.[2] 또 다른 주장에 따르면 생명과학의 진보는 생명정치의 고전적인 양극인 '개인'과 '인구'보다 아래에 위치한 새로운 개입 층위를 확립했다. 마이클 J. 플라워와 데버러 히스는 '분자정치'molecular politics 가 대두했다고 주장한다.[3] 분자정치는 이제 개인을 해부학적 관점이 아니라 유전학적 관점에서 고려해야 한다고 제안하는데, 유전학적 관점에서 개인은 '유전자 풀'에 속한다.

도나 해러웨이, 한스-외르크 라인베르거 등 여러 과학 이론가가 강조했듯 이런 변화는 단순히 이미 존재하는 기술과 도구를 확장하는 문제가 아니다. 오히려 유전공학 스스로 생명과학과 의학 같은 전통적 개입 방식과 자신을 엄격히 구분한다. 유전공학의 목적은 단순히 신진대사 과정을 수정하는 것이 아니라 '재프로그래밍'하는 것이기도 하기 때문이다. 생명에 관한 이런 정치 인식론에서 이제 중요한 것은 외부 자연의 통제가 아니라 내부 자연의 변형이다. 그 결과 생물학은 더 이상 생명 과정을 기록하고 보고하는 발견의 과학이 아니라, 생명을 창조하

---

2 Michael Dillon and Julian Reid, "Global Liberal Governance: Biopolitics, Security, and War", *Millennium: Journal of International Studies*, 30(1), 2001.

3 Michael J. Flower and Deborah Heath, "Micro-Anatomo Politics: Mapping the Human Genome Project", *Culture, Medicine and Psychiatry*, 17, 1993.

고 유기체를 능동적으로 변화시키는 변형의 과학으로 간주된다.[4]

　마르셀라 이아쿱, 세라 프랭클린, 마거릿 로크, 로리 B. 앤드루스, 도로시 넬킨 등은 생명정치 문제틀을 구성하는 보다 심층적인 측면을 지적한다. 이들은 신체에 대한 기술적으로 개선된 접근이 삶과 죽음의 관계를 변형한다고 주장한다. 오늘날 삶과 죽음은 두 가지 측면에서 푸코가 생각했던 것보다 훨씬 긴밀하게 연결된다. 첫째, '인간의 구성 물질'은 살아 있는 사람[의 생체]을 넘어선다. 오늘날 사망자는 완전히 죽지는 않는다. 그/녀는 적어도 잠재적으로 삶을 이어 간다. 보다 정확히 말해 그/녀의 세포·장기·혈액·골수 등 인체 조직이 다른 사람의 신체 안에서 계속 생존할 수 있다. 그러한 조직을 이식받음으로써 이 다른 사람은 삶의 질이 개선되거나 죽음을 면하게 된다. [사람의 통합적] 신체는 일정한 생물학적 리듬을 벗어날 수 없지만, 그것의 유기적 재료는 그렇지 않다. 이런 재료는 인체 자원 은행biobank에 정보로 저장되거나 줄기세포주stem cell line[5]로 배양될 수도 있다. 죽음은 생산 과정의 일부가 될 수 있으며 삶을 증진하고 확장하는 데 활용될 수 있다. 한 사람의

---

4 Haraway, *Simians, Cyborgs, and Women*[『유인원, 사이보그 그리고 여자』]; Hans-Jörg Rheinberger, "Beyond Nature and Culture: Modes of Reasoning in the Age of Molecular Biology and Medicine", Margaret Lock, Allan Young and Alberto Cambrosio eds., *Living and Working with the New Medical Technologies*, Cambridge: Cambridge University Press, 2000; Adele E. Clarke, Laura Mamo, Jennifer R. Fishman, Janet K. Shim and Jennifer Ruth Fosket, "Biomedicalization: Technoscientific Transformations of Health, Illness, and U.S. Biomedicine", *American Sociological Review*, 68, 2003.
5 [옮긴이] 줄기세포(stem cell)란 여러 종류의 신체 조직으로 분화할 수 있는 능력을 가진 세포, 즉 '미분화' 세포이다. 세포주(cell line)에 관해서는 106쪽 옮긴이 주 31번을 참조하라.

죽음이 다른 사람의 생명과 생존을 보장할 수도 있는 것이다.

또한 죽음은 [신체 부위와 사망 종류에 따라] 유연화되고 구획된다. 사망이 상이한 신체 부위와 시점에 따라 구분되고, '뇌사' 개념과 소생 기술이 발전함으로써 이식 의학이 발전되고 확산되었다. 오늘날에는 국가의 주권이 아니라 의료 행정 당국이 삶과 죽음의 문제를 결정한다. 이들은 인간의 생명이 무엇인지, 그것이 언제 시작하고 끝나는지를 규정한다. 완전히 새로운 의미에서 '죽음정치'가 생명정치의 필수적인 일부가 된다.[6]

푸코식 생명정치에 대한 세번째 비판은 그것이 인간 개인과 인구에만 관심을 집중한다는 것이다. 폴 러더퍼드가 올바로 지적한 대로, 그러한 협소한 개념틀로는 생태 문제와 환경 담론이 인류의 (재)생산 문제와 어떻게 결합되는지 규명할 수 없다.[7] 러더퍼드는 생명정치 개념이 가리키는 의미를 확장해 생명의 조건에 대한 관리와 통제를 포함하자고 제안한다. 그러나 이것이 또 다른 문제를 해결하는 것은 아니다. 그것은 행위자성agency 문제를 말한다. 푸코는 행위자성이 인간의 특징

---

6 Lori B. Andrews and Dorothy Nelkin, *Body Bazaar: The Market for Human Tissue in the Biotechnological Age*, New York: Crown, 2001[『인체 시장: 생명공학 시대 인체 조직의 상품화를 파헤친다』, 김명진 옮김, 궁리, 2006]; Marcela Iacub, "Les biotechnologies et le pouvoir sur la vie", Didier Eribon éd., *L'infréquentable Michel Foucault: Renouveaux de la pensée critique*, Paris: EPEL, 2001; Sarah Franklin and Margaret Lock eds., *Remaking Life and Death: Toward an Anthropology of the Biosciences*, Santa Fe, NM: School of American Research Press, 2003.

7 Paul Rutherford, "The Entry of Life into History", Eric Darier ed., *Discourses of the Environment*, Oxford, UK: Blackwell, 1999.

이므로 오직 인간만이 사회적 행위자로 기능한다고 생각했다. 이에 대해 게사 린데만과 브뤼노 라투르는 상이한 관점에서 유사한 반론을 전개했다. 그들은 생명정치 문제틀이 인간 중심적인 절름발이에 불과하다고 설득력 있게 비판한다. 린데만은 헬무트 플레스너Helmuth Plessner를 참조하면서 '성찰적 인류학'을 제시하는데, 이는 사회적 인간의 범주에 누가 경험적으로 포함될지를 질문한다.[8] 라투르도 유사한 주장을 펼치면서 '대칭적 인류학'을 요구하는데,[9] 이는 인간은 물론이고 비인간 독립체도 행위 능력을 지니고 있음을 인정한다.

여기서 살펴본 이론적 기여들을 매개로 새로운 연구 영역이 출현하고 있다. 그것을 인류정치anthropolitics로서의 생명정치라 부를 수 있을 것이다. 인류정치로서 생명정치는 [단순히 인간 개체가 아니라] 어떤 독립체가 어떤 조건 아래 사회 구성원이 될 수 있으며 어떤 독립체는 될 수 없는지 검토할 수 있게 해준다.

2. 생명사회성

널리 알려진 글에서 폴 래비노는 푸코의 생명정치 문제틀을 확장한 생명사회성biosociality 개념을 도입한다.[10] 래비노가 보기에 인간게놈 프

---

8 Gesa Lindemann, *Die Grenzen des Sozialen: Zur sozio-technischen Konstruktion von Leben und Tod in der Intensivmedizin*, München: Wilhelm Fink, 2002.

9 Bruno Latour, *We Have Never Been Modern*, Cambridge, MA: Harvard University Press, 1993[『우리는 결코 근대인이었던 적이 없다』, 홍철기 옮김, 갈무리, 2009].

로젝트가 출현하고 이와 연관된 생명공학 기술이 발전하면서 푸코가 규정한 양극, 즉 인구와 신체가 새로운 방식으로 접합된다. 그는 탈훈육 적postdisciplinary 체제가 출현했고, 이로써 자연과 문화 사이의 엄격한 구분이 극복되고 생명 과정에 대한 [사회적] 관계의 변형이 전개되고 있다고 생각한다.[11] 이러한 맥락을 고려할 때 "새로운 유전학"은 앞선 시대의 용어로는 적절히 묘사될 수 없다. 그가 볼 때 (사회생물학이나 사회진화론처럼 오래된 모델에서는) 사회적인 것이 생물학적 현상으로 환원되거나 사회적 기획이 생물학 용어로 번역될 뿐이다. 그런 것들이 가능하다는 주장은 더 이상 타당성을 유지할 수 없다. 래비노는 오늘날 우리가 사회적 관계를 생물학적 범주들을 통해 새롭게 이해하는 방식을 맞닥뜨리고 있다고 주장한다.

앞으로 이러한 새로운 유전학은 더 이상 현대 사회에 관한 은유가 아니라 정체성의 조건들과 제한점들로 구성된 순환망이 될 것이다. 이러한 망을 둘러싸고, 그리고 이러한 망을 통해 내가 '생명사회성'이라 부르는 진정으로 새로운 종류의 자기 생산이 출현할 것이다. 사회생물학이 자연이라는 은유를 바탕으로 건설된 문화라면, 생명사회성에서 자연은 실천으로 이해된 문화를 바탕으로 형성될 것이다.[12]

---

10 Paul Rabinow, "Artificiality and Enlightenment: From Sociobiology to Biosociality", Jonathan Crary and Sanford Kwinter eds., *Incorporations*, New York: Zone Books, 1992.
11 *Ibid.*, p. 234.

래비노는 특히 유전적인 질환과 위험에 관한 지식이 늘어나는 상황에서 어떻게 새로운 개인적·집합적 정체성이 출현하는지에 관심을 기울인다. 그는 유전자 정보가 확산되고 대중화되면서 생체의학의 어휘가 일상 언어로 스며들고, 결과적으로 사람들이 자신이나 다른 사람을 묘사할 때 생명과학 용어와 유전학 용어를 사용하게 될 것이라 전망한다. 오늘날 사람들이 자신을 설명할 때 혈압이 낮거나 콜레스테롤이 높다고 하는 것처럼, 앞으로는 자신을 규정할 때 유전적으로 이러저러한 질병에 걸릴 위험이 높다거나, 유전적으로 알코올에 비교적 취약하다거나, 유전적으로 유방암이나 우울증에 걸리기 쉬운 체질이라고 설명할지도 모른다.

하지만 래비노의 주장은 보다 더 나아간다. 그에 따르면 기술적 혁신과 과학적 분류 체계는 사회화 방식, 대표[재현] 모델, 정체성 정치를 새롭게 정립하는 물질적 조건을 창출한다. 이로 인해 특정한 신체적 특성과 유전적 자질에 관한 지식은 개인이 자기 자신과 맺는 관계뿐만 아니라 다른 사람과 맺는 관계도 분명히 결정한다.

구아닌[13]이 대체된 17번 염색체, 16,256번 위치, 654,376번 부위 대립유전자[14] 변이를 중심으로 집단들이 결성될 것이다. 이들 집단은 자신

---

12 Rabinow, "Artificiality and Enlightenment", Crary and Kwinter eds., *Incorporations*, p. 241.

13 [옮긴이] 구아닌은 2-아미노-6-옥시퓨린에 해당하는 핵산 구성 성분인 퓨린 염기의 일종이다. 생물체 내에서는 구아노신삼인산(GTP)이나 핵산 등 중요한 생체 물질의 구성 성분으로 존재한다.

의 운명을 체험하고 공유하며 개선하고 '이해하기' 위해 의학 전문가와 연구소, 이야기와 전통뿐만 아니라 수많은 사목pastoral keeper에게 도움을 구할 것이다.[15]

래비노에 따르면 자조自助 집단과 환우患友 단체는 의료 서비스의 수동적인 수혜자도 아니고 과학적 연구의 관심 대상도 아니다. 이와 달리 질병 경험은 다양한 사회적 활동 영역에서 일종의 토대로 기능한다. 특정한 질병을 앓고 있는 사람들과 그 가족이 의료 전문가와 **협력적으로** 활동한다. 이들은 기부를 받아 자신이 필요로 하는 연구를 촉진하기도 하고 의사소통 네트워크를 조직하기도 한다. 이러한 네트워크를 통해 정기적인 회합이 이루어지고 각자가 질병 체험에 관한 사연을 교환하며, 출간물을 자체 운영하고 인터넷에 필요한 정보를 제공한다.[16]

그렇지만 생명과학 지식과 의학 지식의 확산은 공동체와 집합적

---

14 [옮긴이] 대립유전자는 상동염색체에서 같은 유전자좌에 위치하는 다른 염기 서열을 갖는 유전자, 혹은 쌍이 될 수 있는 대립 형질의 유전자를 말한다.

15 *Ibid.*, p. 244[이 말은 특정한 유전자 결합이나 배열을 가진 사람들이 환우 공동체처럼 각각의 공동체를 형성한다는 말이다].

16 Rabinow, *French DNA: Trouble in Purgatory*, Chicago: University of Chicago Press, 1999 참조. 최근 들어 래비노는 다소 신중한 관점을 표명하고 있다. 그는 처음에 「분자적 생명사회성의 황금 시대」(Golden Age of molecular biosociality)에서 정식화한 개념의 한계를 강조하고 있다. "[내가 보기에 생명공학적 발전에는] 희망이 존재했고, 진보가 존재했으며, 생명사회를 요구하는 급박하고 단호한 근거가 존재했다"(Rabinow, "Afterword: Concept Work", Sahra Gibbon and Carlos Novas eds., *Biosocialities, Genetics, and the Social Sciences: Making Biologies and Identities*, New York: Routledge, 2008, p. 190). 그렇지만 그가 인정하듯이 지금까지는 유전의학의 약속 가운데 아주 일부만 실현되었고, 적합한 리스크 평가 절차나 의학 치료 같은 것도 좀처럼 활용되지 않는다.

정체성의 새로운 형태만을 창출하는 것이 아니다. 이들 지식의 확산은 나아가 생물학적 변이에 토대를 둔 권리 요구를 가져오고, 여태까지 전혀 알려지지 않았던 새로운 정치적 행동주의 형태를 낳는다. 앵글로-아메리카 세계에서 이러한 새로운 주장articulation과 대표representation 방식은 '생물적 시민권' 혹은 '유전적 시민권' 같은 용어들로 규정되고 토론된다.[17] 이들 용어에서 공통적인 것은 생체의학에 관한 지식, 정체성과 자아에 관한 개념, 정치적 주장 양식이 체계적으로 연결된다는 생각이다. 이러한 관점에서 보면 환우 단체, 자조 집단, 가족 단체는 새로운 집합적 주체를 대표하게 된다. 이러한 집합적 주체는 비전문가와 전문가, 즉 기술 진보의 수동적 수혜자와 능동적 연구자 사이에 있는 경계를 제거한다.

우리는 공통된 생물학적 자질을 중심으로 조직된 정치적 행동주의 가운데 적어도 세 가지 형태를 구별할 수 있다. 첫째, 자조 집단, 환우 단체, 가족 단체는 로비스트처럼 활동하고 있는데, 이를 통해 각자의 문제에 대한 공적 관심을 환기하고, 국가 재정을 확보함으로써 각자의 원인에 대한 연구를 진척시키고자 한다. 달리 말해 그들의 목표는 대중이

---

17 Adriana Petryna, *Life Exposed: Biological Citizens after Chernobyl*, Princeton, NJ: Princeton University Press, 2002; Deborah Heath, Rayna Rapp and Karen-Sue Taussig, "Genetic Citizenship", David Nugent and Joan Vincent eds., *Companion to the Handbook of Political Anthropology*, Oxford, UK: Blackwell, 2004; Nikolas Rose and Carlos Novas, "Biological Citizenship", Aihwa Ong and Stephen J. Collier eds., *Global Assemblages: Technology, Politics, and Ethics as Anthropological Problems*, Oxford, UK: Blackwell, 2005.

환자들과 그들이 겪는 고통에 공감하도록 만들고 정책 입안자들이 정책적 변화를 꾀하도록 만드는 것이다.

두번째 형태는 의학 기술과 생체의학 지식에 접근하기 위해 물질적·이데올로기적 제약에 대항하는 투쟁을 벌이는 것이다. 자조 집단과 환우 단체는 생체의학과 유전학 연구 분야의 배타적이고 제한적인 지적 재산권 관념에 맞서 싸우고 있다. 또한 이들 단체는 온갖 자원을 동원해 유전학 지식의 비상업적 이용을 옹호한다. 상업적 이용은 보다 심층적인 연구를 제약할 뿐만 아니라, 진단 및 치료 기법의 발전과 확산에 드는 비용도 증대시키기 때문이다. 자조 집단과 환우 단체가 개입하는 세번째 방식은 기술적 절차를 규제하는 가이드라인을 마련하고, 나아가 윤리 위원회와 의회 심의에 참여하는 것이다.[18]

현재까지 이러한 '아래로부터의 생명정치'를 다룬 연구는 거의 없었다. 또한 대부분의 연구는 환자와 가족 단체의 집합적 행위 방식이 그들의 집합적 정체성과 어떤 관계를 형성하는지 경험적으로 검토하지 않았다. 그 결과 이들 단체의 주된 활동 동기와 입회 기준은 매우 초보적인 수준에서 조사되었고, 이해관계를 관철하기 위해 이들이 매진하는 영향력과 로비의 경로, 그리고 이들이 형성하는 연대 방식도 많은

---

18 Vololona Rabeharisoa and Michel Callon, *Le pouvoir des malades: L'association française contre les myopathies et la recherche*, Paris: Les Presses de l'École des Mines, 1999; Rabinow, *French DNA*; Heath, Rapp and Taussig, "Genetic Citizenship", Nugent and Vincent eds., *Companion to the Handbook of Political Anthropology*; Rose and Novas, "Biological Citizenship", Ong and Collier eds., *Global Assemblages*.

부분이 베일에 가려져 있다.

덧붙여 다음과 같은 사실을 언급해 둘 필요가 있다. 즉 이런 단체들의 권리와 요구는 포괄적인 의료 서비스와 보편적 권리의 이름으로 주장되지 않는다. 그들의 권리 요구는 대체로 소수가 공유하고 있는 특정한 유전자 프로파일에 근거를 두고 표출된다. 이는 권리에 대한 정치적 주장을 복잡하게 만드는데, 왜냐하면 강조점이 공통된 생물학적 동일성이 아니라 유전적 차이에 있기 때문이다.[19]

3. 에토스정치

니컬러스 로즈는 '생명정치'라는 용어를 개조한 매우 영향력 있는 작업을 전개하고 있다. 로즈는 래비노(두 사람은 긴밀한 협력 관계를 맺고 있다[20]), 해러웨이, 라인베르거와 유사한 전제를 가지고 작업한다.[21] 즉 생물학 및 유전자 지식의 발전과 이에 따라 등장한 기술적 실천이 생명 과정biology과 사회 사이의 경계를 허물고 자연과 문화 사이의 전통적 경계를 사라지게 한다는 것이다. 그리하여 자연이 정치에 앞서 있다거

---

19 Heath, Rapp and Taussig, "Genetic Citizenship", Nugent and Vincent eds., *Companion to the Handbook of Political Anthropology*, pp. 157~159.

20 Rabinow and Rose, "Biopower Today", *Biosocieties*, 1(2), 2006 참조.

21 Haraway, *Modest_Witness@Second_Millennium. Female-Man©_Meets_OncoMouse™*, New York: Routledge, 1997[『겸손한_목격자@제2의_천년. 여성인간©_앙코마우스TM를_만나다』, 민경숙 옮김, 갈무리, 2007]; Rheinberger, "Beyond Nature and Culture", Lock, Young and Cambrosio eds., *Living and Working with the New Medical Technologies*.

나 정치를 넘어서 있다는 주장이 극복된다. 그렇지만 다른 한편으로 생명 과정은 정치적·도덕적 문제와 분리될 수 없게 된다. 로즈는 이같이 [생명 과정과 정치·도덕 문제가] 통합되어 나타난 새로운 배치를 '에토스정치'ethopolitics라고 부른다.

우선 에토스정치는 역사적인 단절을 가리킨다. 로즈는 오늘날 유전학이 과거의 우생학적 개입과 거의 무관하다고 주장한다. 그는 오늘날 인간유전학human genetics이 [우생학적] 선별과 인구 조절이라는 전통적 방식을 연장하고 강화한 것이라는 비판적 분석을 일축한다. 반대로 그가 보기에 국가가 절멸과 선별 정책을 강제한다는 패러다임은 오해의 소지가 다분하다. 생명정치의 조절 방식뿐 아니라 그것의 준거들도 변화했기 때문이다. '인종위생학'과 달리 오늘날 인간유전학은 인구의 신체가 아니라 개인의 유전 구조를 겨냥한다. 로즈가 보기에 유전학 개입의 주된 목표는 대중 전체의 건강도 아니고 어떤 다른 집합적 목적도 아니다. 유전학 개입은 점점 더 개인의 건강 증진과 질병 예방에 매진한다. 국가가 집행하는 우생학 프로그램은 일반적으로 강제 불임 수술에서 집단 학살에 이르는 강압적인 방법을 활용한다. 그런데 이러한 프로그램 대신에 "위험이 높아 보이는 개인·집단·지역을 확인하고 치료하고 감독하고 관리하는 다양한 전략"이 대두하고 있다.[22]

생명정치 합리성의 이 같은 '변이'는 생명정치 문제의 범위가 확장됨을 암시한다.[23] 교정하고 예방하는 조치는 더 이상 일부 제한된 사람

---

22 Rose, "The Politics of Life Itself", *Theory, Culture and Society*, 18(6), 2001, p. 7.

을 목표로 삼지 않고 모든 사회 구성원을 대상으로 한다. 왜냐하면 모든 사람이 유전적 리스크에 취약하기 때문이다. 여기서 리스크 담론은 현재 건강한 사람을 [잠재적 환자처럼] 포함하고 있는데, 미래의 질병을 예측하고 가능한 한 예방한다는 명목하에 이들은 환자와 동일한 의료 감시에 종속된다. 이처럼 의료 영역이 확장되는 현상은 로즈가 "생명정치의 민주화"[24]로 파악하는 전반적인 경향의 일부다. 그에 따르면 20세기에 건강 증진을 겨냥한 위생학적 규범과 정치적 조치가 채택되어 확산되었고, 그 결과 질병과의 싸움은 점진적으로 개인의 과제가 되었다. 지난 30년 동안 신자유주의 프로그램과 정책이 확립되면서 사회화된 조절 형태[사회복지]가 해체되었고, 그 여파로 개인의 자율과 자기 결정이 의료와 관련된 의사 결정에서 핵심 요소로 등장했다.[25]

로즈는 정치적 변화와 기술과학 혁신의 이러한 공진화coevolution가 생명정치 메커니즘을 근본적으로 변화시킨 원인이었다고 주장한다. 그가 언급하듯이 오늘날 이용 가능한 개입 수단들은 신체적 외양과 품행을 변화시키고 심지어 신체를 구성하는 유기 물질organic substance에도 영향을 미치는데, 이제 이러한 물질은 변화·수정·개선 가능한 것으로 간주된다. 이같이 변화된 배치 아래 신체는 개인의 정체성과 자아 인식에서 그 중요성을 더해 간다. 이처럼 정상과 병리의 경계, 치료와

23 Rose, *The Politics of Life Itself: Biomedicine, Power, and Subjectivity in the Twenty-First Century*, Princeton, NJ: Princeton University Press, 2007, pp. 5~7 참조.

24 Rose, *The Politics of Life Itself*, p. 17.

25 *Ibid*., pp. 3~4.

개선의 경계가 점차 사라진 결과 낡은 방식의 생명정치를 대체하는 일련의 새로운 윤리적·정치적 문제가 출현한다. 로즈는 에토스정치를 다음과 같이 이해한다.

> 이는 인간 존재의 에토스──개인·집단·제도의 정서, 도덕적 성격, 지배적 신념──를 '매개'로 자유로운 개인의 자기 통치를 선한good 통치의 원칙과 결합할 수 있는 방식이다.……훈육이 개별화하고 정상화한다면, 그리고 생명권력이 집단화하고 사회화한다면, 에토스정치는 자아의 테크닉과 관련된다. 자아의 테크닉은 인간 스스로 자기 자신을 판단하게 만들며, 현재보다 나아지기 위해 자신을 다잡게 만든다.[26]

이러한 정치 형태는 생명 구성주의vital constructivism를 특징으로 내세운다. 이러한 노선은 자연이 기원적이고 직접적으로 접근 가능하다는 관념과도, 인간 존재에 관한 본질주의적 개념과도 거리를 둔다. 물론 로즈는 이러한 '바이탈정치'vital politics가 내포한 양가성을 인식하고 있다.[27] 우선 한편으로 반자연주의 입장은 깊은 윤리적 성찰을 요구하는데, 그것은 사람들이 원하는 정체성과 삶의 방식이 무엇인지에 관심을 가지며 그들의 생물학적 구성에도 관심을 보인다. 사람들은 변형 가능성을 최대한 창조적으로 이용하기 위해 다양한 선택을 비교 평가

---

26 Rose, "The Politics of Life Itself", *Theory, Culture and Society*, 18(6), p. 18.
27 *Ibid.*, p. 22; Rose, *The Politics of Life Itself*, p. 8.

할 수 있(으며 또한 평가해야 한)다. 이러한 정치는 여태까지 변경할 수 없다고 여겨지던 영역에서 개인과 집단의 잠재력을 창조하는 것이다. 그 결과 건강과 삶에 관한 규범들이 복수화되고 다양화될 수 있었고 민주적인 협상과 의사 결정에 개방될 수 있었다.

다른 한편으로 새롭게 획득된 자유의 공간들이 자신의 대립물로 전화할 우려도 존재한다. 우선 이러한 공간들은 생명 과정의 상업화에 부합하게 되는데, 상업화로 인해 연구 활동이 이윤 동기에 종속되고 새로운 형태의 사회적 불평등과 착취가 나타난다.[28] 나아가 로즈는 에토스정치의 맥락에서 '유전적 책임'을 지향하는 새로운 제도적 요구와 사회적 규범의 발전을 목도한다. 다양한 '사목 권력'pastoral power과 권위자가 에토스정치의 문제를 둘러싸고 모습을 드러내는데, 이들은 삶의 의미와 가치에 관한 문제들에 답하려고 시도한다. 의사와 생명윤리학자, 유전[자] 상담사와 과학자, 제약 회사와 생명공학 회사의 대리인이 과학 지식을 대중화하고 있으며, 가치판단을 퍼뜨리고 도덕적 성찰을 주도하고 있다.[29] 이런 방식으로 건강과 행복을 누리려는 개인의 노력은 정치적·과학적·의료적·경제적 이해관계와 긴밀히 연결된다.

로즈의 연구는 경험적 분석과 이론적 성찰의 대화를 탁월하게 보여 주고 있다. 그의 저술은 최근 사회학 분야에서 빈번히 인용되고 있으며 그만큼 많은 관심을 끌고 있다. 그럼에도 로즈의 에토스정치 개념

---

28 Rose, *The Politics of Life Itself*, pp. 31~39.
29 *Ibid.*, pp. 40, 73~76.

은 적어도 두 가지 관점에서 비판받고 있다. 첫번째 비판적 견해는 현재의 인간유전학 실천이 과거의 우생학 프로그램과 확고히 다르다는 전제와 관련된다. 예를 들어 레네 코크는 우생학 기술과 생식 기술의 맥락에서 볼 때 배제와 선별의 과정이 과거의 전유물이 아니라고 주장한다.[30] 오히려 변한 것은 개입 형태와 정당화 방식이다. 생식에 관한 의사 결정을 통제하고 이끈다는 기본 목적은 여전히 그대로다. 역사적 차이는 분명히 강조될 필요가 있지만, 현재와 과거의 연속성을 사상하지 않는 것도 그만큼 중요한 것이다.

두번째 비판은 생명정치가 에토스정치와 얼마만큼 융합되는지가 여전히 불명확하다는 것이다. 브루스 브론은 다음과 같은 사실에 주목했다.[31] 에토스정치와 그것이 다루는 윤리적 문제가 생명의 특정한 물적 조건과 관련되어 있으며, 일상적인 생존 투쟁에 내몰린 세계 곳곳의 수많은 사람이 이러한 물적 조건을 좀처럼 이용할 수 없다는 것이다. 이뿐만 아니라 산업화된 서양 국가에 한정하더라도 에토스정치의 문제틀은 오늘날 생명정치 실천의 핵심 차원을 빠뜨리고 있다. 이를 증명하기 위해 브론은 미디어와 정치권이 2005년 유행한 조류독감에 보인 반응을 제시한다. 로즈는 독립적이고 안정적인 분자적 신체라는 관념을 윤리적 결정과 자아의 실천을 위한 토대로 제시하지만, 브론은 이

---

30 Lene Koch, "The Meaning of Eugenics: Reflections on the Government of Genetic Knowledge in the Past and the Present", *Science in Context*, 17(3), 2004.

31 Bruce Braun, "Biopolitics and the Molecularization of Life", *Cultural Geographies*, 14, 2007.

같은 신체관이 신체에 관한 다른 견해를 통해 반박될 수 있음을 보여
준다. 특정한 병원체의 확산과 예방에 관한 전염병학 담론 및 정치 담
론에서 개방적이고 취약한 분자적 신체가 이슈로 부각되고 있다. 이러
한 담론들에서 신체는 다른 인간 및 비인간 신체와 상호작용하기 때문
에 질병 리스크에 끊임없이 노출된다. 그리고 이런 리스크를 다루기 위
해 일련의 정치 테크닉이 동원되는데, 브론은 이런 현상을 '생명안전'
biosecurity이라는 개념으로 묘사한다. 생명안전은 생물학적 삶뿐만 아
니라 그것의 발전 주기와 우발적 사건까지 감독하려고 한다. 브론의 주
장을 짧게 요약하면, 오늘날 생명정치를 완벽히 설명하려면 에토스정
치의 메커니즘뿐만 아니라 생명안전과 관련된 이슈도 반드시 다루어
야 한다는 것이다.[32]

---

32 생명정치와 안전에 관해서는 다음도 참조하라. Julian Reid, *The Biopolitics of the War on Terror: Life Struggles, Liberal Modernity, and the Defence of Logistical Societies*, Manchester: Manchester University Press, 2006; Elizabeth Dauphinee and Christina Masters eds., *The Logics of Biopower and the War on Terror: Living, Dying, Surviving*, New York: Palgrave Macmillan, 2007; Michael Dillon and Luis Lobo-Guerrero, "Biopolitics of Security in the 21st Century: An Introduction", *Review of International Studies*, 34, 2008. 또한 안보 네트워크의 생명정치에 관한 연구도 보라. http://www.keele.ac.uk/research/lpj/bos/(2009년 12월 17일 접속).

8장

바이탈정치와 생명경제

1. 인간의 경제에서 인적 자본으로

니컬러스 로즈가 생명의 분자화와 정보화를 논의하면서 채택한 바이탈정치vital politics라는 개념은 일찍이 전혀 다른 맥락에서 사용되었다. 이 용어는 빌헬름 뢰프케[1]와 알렉산더 뤼스토[2]의 작업에서 결정적인 역할을 맡았다. 두 사람은 전후 독일 자유주의를 대표하는 핵심 인물로,

---

1 [옮긴이] 빌헬름 뢰프케(Wilhelm Röpke, 1899~1966)는 독일의 경제학자이자 역사학자로, 예나 대학과 제네바 대학 등에서 교수로 활동했다. 발터 오이켄(Walter Eucken), 프란츠 뵘 (Franz Böhm), 알프레트 뮐러-아르마크(Alfred Müller-Armack), 알렉산더 뤼스토와 함께 독일의 사회적 시장 경제에 영감을 제공한 인물이다. 사회적 시장 경제는 제2차 세계대전 이후 독일 경제를 재건하고 재조직화하는 데 중요한 이론적 자원을 제공했고, 사회적 자유 주의로 불리기도 한다. 뢰프케는 전후 서독 수상과 각료들에게 이러한 사상을 전파했고 이 는 정부에 채택되어 서독 부흥에 상당한 영향을 끼쳤다.

2 [옮긴이] 알렉산더 뤼스토(Alexander Rüstow, 1885~1963)는 독일의 사회학자이자 경제학 자로 하이델베르크 대학 교수였다. 그는 1938년 네오리버럴리즘, 즉 신자유주의라는 용어 를 최초로 고안한 사람이다. 하지만 여기서 네오리버럴리즘은 고전적 자유주의에 대항한 새로운 자유주의, 즉 질서자유주의(ordoliberalismus)를 가리킨다. 질서자유주의에서 국가 의 역할은 최소화되는 것이 아니라 지도적인 역할을 수행하며, 이런 관점에서 뤼스토는 독 일의 사회적 시장 경제를 입안하는 데 크게 기여했다.

사회적 시장 경제soziale Marktwirtschaft를 설계했다. 1950~1960년대에 이들은 정치적인 것의 새로운 양식을 가리키기 위해 '바이탈정치'라는 용어를 사용했는데, 이 새로운 양식은 인간학적 욕구를 바탕으로 하나의 윤리적 지향을 갖는 것이었다. 이에 대한 부정적인 참조점이 사회적 통합과 응집을 좀먹는 대중mass 사회였다. 바이탈정치의 반의어는 "대중화"Vermassung였는데, 이는 "우리 시대 최악의 사회적 질병"을 뜻했다.[3] 대중화는 자연적인original 사회적 유대와 생활 방식이 해체되면서 출현하는데, 이와 달리 바이탈정치는 그러한 사회적 유대와 생활 방식을 증진하고 재활성화하려 시도한다. 물질적 이해관계를 중시하는 사회 정책과 달리 바이탈정치는 "현실의 행복·복리·만족을 좌우하는 모든 요인"을 다룬다.[4]

바이탈정치에서 질서자유ordoliberal 개념은 두 갈래의 접근이 낳은 결과였다.[5] 뤼스토에 따르면 서구의 시장 경제와 동구의 사회주의 국가 모두 잘못된 방향으로 가고 있었다. 두 사회 체제는 중앙집권화에 시달리고 있었고 물질적 관심사에 매몰되어 있었다. 뤼스토는 정치의 '자연적' 원칙을 재활성화하려 했으며, 그가 볼 때 이러한 원칙은 19세

---

3 Alexander Rüstow, "Vitalpolitikgegen Vermassung", Albert Hunold Hg., *Masse und Demokratie*, Erlenbach-Zürich: Eugen Rentsch Verlag, 1957, S. 215.

4 Rüstow, "Wirtschaftsethische Probleme der sozialen Marktwirtschaft", Patrick M. Boarman Hg., *Der Christ und die soziale Marktwirtschaft*, Stuttgart: Kohlhammer, 1955, S. 70.

5 '질서자유'라는 용어는 잡지 『질서』(*Ordo*)에서 유래하는데, 이 잡지에는 전후 독일 자유주의를 대표했던 사람들이 대거 참여했다.

기 이후 악화 일로에 처해 있었다. 그는 "개인의 복리와 자부심에 미치는" 정책의 효과를 정치적 행위의 규범적 기준으로 내세웠다.[6] 정치는 인간의 자연[본성]을 정치에서 소외시키는 대신에 그것과 공명해야 한다. 이러한 정치를 가늠하는 기준은 인간의 타고난 자연적 욕구이며, 이러한 신조에서 바이탈정치의 인간학적 토대가 드러난다.[7]

정치는 반드시 "인간의 본질"에 부합해야 하며, 이는 경제적인 영역보다 정치를 우선시한다는 말이다.[8] 뤼스토에 따르면 바이탈정치는 '좋은 삶'과 물질적 풍요 간에 존재하는 기본적 차이에서 출발한다. 바이탈정치에서 경제 체계는 경제 활동의 범위를 규정하고 한정하는 보다 높은 질서에 통합된 것으로 간주된다. 바이탈정치는 경제를 조정하고 규제하는 메커니즘이 "삶에 복무하도록" 만든다. 따라서 경제 정책은 그 자체가 목적이기보다는 목적을 위한 수단이다.

뤼스토의 관점에서 바이탈정치는 단순히 국가의 활동에 한정되지 않고 오히려 "가능한 한 넓은 의미에서의 정치이다.……[이는—렘케] 모든 사회적 수단과 실험적 계획을 포괄한다".[9] 바이탈정치는 도덕적 가치와 문화적 전통을 재건하는 동시에 오랜 시간에 걸쳐 발전하는 정신적인 연대와 관계를 강조한다. 이러한 정책의 목적은 "종횡으로 얽인 매우 긴밀하고 생기 있는 유대 관계를 사회적 영역 전체로" 확산하

6 Rüstow, "Vitalpolitikgegen Vermassung", Hunold Hg., *Masse und Demokratie*, S. 235.
7 *Ibid.*, S. 236.
8 *Ibid.*, S. 235.
9 *Ibid.*, S. 235.

는 것이다.[10] 이는 혁신과 통합 양자를 모두 수반하는 과업이며, 모든 사회 분파와 계층을 고려하는 동시에 이들의 자기 조직 역량을 인정한다. 이러한 관점에서 바이탈정치는 보충성의 원리[11]를 따른다. 왜냐하면 사회 문제에 대한 그것의 일차적 관심사는 자율적인 생활 방식으로 그 문제들이 해결될 수 있는지 여부이기 때문이다. 달리 말해 가족이나 이웃과 같은 영역 안에서 해결책이 먼저 모색되고, 그다음으로 국가의 도움이 고려되는 것이다.[12] 뤼스토가 강조하듯이 성공적인 정책은 먼저 "사회적 신체의 기초 세포"로 기능하고 건강하게 유지되는 가족에 의존하고, 그다음으로 작업장에서 이루어지는 "기업의 연대"에 좌우되며, 그래도 안될 경우 "인민의 신체를 통합"하고 위임된 임무에 복무하는 입법과 행정 부처에 달려 있다.[13]

바이탈정치는 질서자유주의적 사유 방식에서 두 가지 핵심적인 기능을 수행한다. 첫째, 바이탈정치는 일종의 비판적 원칙으로 기능한다. 이러한 원칙에 따라 정치 활동이 판단될 수 있고, 경제는 [독립적이지 않으며] 그 외부에 존재하면서 윤리적 토대로 작용하는 포괄적 질서와 연결된다. 둘째, 사회적 시장 경제의 바이탈정치적 차원은 그것이 소비

10 Rüstow, "Vitalpolitikgegen Vermassung", Hunold Hg., *Masse und Demokratie*, S. 238.

11 [옮긴이] 보충성의 원리(principle of subsidiarity)는 공공부조의 기본 원리 중 하나이다. 이는 복지 수급자가 자신의 생활을 유지하고 향상하기 위해 최대한 노력한다는 것을 조건으로 수급자를 보충·계발한다는 원칙이다.

12 *Ibid.*, S. 232.

13 *Ibid.*, S. 237.

에트 연방에 존재하는 "비인간적 조건"보다 우월함을 보여 준다. 왜냐하면 소비에트 연방은 인간의 욕구를 무시했기 때문이다.[14]

질서자유식 바이탈정치는 [자유주의] 경제 원칙이 인간학에 기반을 둔 윤리적으로 우월한 질서와 충돌한다고 주장한다. 그러나 20세기에 등장한 두 가지 [자유주의] 이론은 그러한 충돌을 바이탈정치와 다른 식으로 해결한다. 이들은 인간 자체를 경제적 인간homo economicus으로 간주함으로써 정치와 윤리, 경제 사이에 발생할 수 있는 충돌을 완화하고자 한다. 말하자면 인간의 경제Menschenökonomie 개념과 인적자본human capital 이론에서 주된 관심사는 생명 과정에 대한 경제의 적응이 아니라 생명 과정의 증진·확장·최적화이다. 두 이론에서 인간의 생명은 경제적인 것의 척도로 기능하지 않는다. 오히려 생명 자체가 가치 증식이라는 경제적 명령에 종속된다.[15]

인간의 경제라는 관념은 오스트리아의 사회철학자이자 금융사회학자이며 독일사회학회 창립 멤버이기도 한 루돌프 골트샤이트[16]에게서 유래한다. 그는 사회생물학에 관한 논고에서 인간의 생명을 (재)생

---

14 *Ibid.*, S. 238.

15 이후 설명은 울리히 브뢰클링의 분석에 크게 의존하고 있다. 그는 Ulrich Bröckling, "Menschenökonomie, Humankapital: Zur politischen Ökonomie des 'nackten Lebens'", *Mittelweg*, 36(1), 2003에서 이 두 개념을 비교하고 있다.

16 [옮긴이] 루돌프 골트샤이트(Rudolf Goldscheid, 1870~1931)는 오스트리아의 사회주의자로, 사회학과 사회생물학, 우생학을 연구했다. 부유한 상인 집안 출신으로 철학과 과학을 공부한 그는 사회학을 개척한 사람 중 한 명이며, 막스 베버, 게오르크 짐멜, 페르디난트 퇴니에스 등과 함께 독일사회학회를 창립하기도 했다. 특히 그는 '인간의 경제'를 내세우면서 '조세 국가'에서 경제 국가로의 전환을 주장했다. 또한 평화주의자로서 바이마르 시기에 오스트리아인권연맹(Österreichische Liga für Menschenrechte)을 이끌기도 했다.

산하는 조건들을 포괄적으로 설명하고 그러한 조건을 관리하는 방안을 제시했다.[17] 여기서 보육·교육·생계에 지출하는 국가의 자금은 인간의 노동이 창출하는 이윤과 대비된다. 이 같은 인간-경제적 계산의 목표는 가능한 한 많은 "잉여가치"를 획득하는 것이다. 다시 말해 지출을 최소화하고 편익을 최대화하는 것이 목적이다. 이러한 "삶vital의 최적 상태"[18]는 체계적인 회계 업무를 필요로 하며 "유기체 자본"organic capital, 즉 인간 노동과 생명에 대한 효과적이고 합리적인 관리와 통제를 고려한다.

골트샤이트는 사회 조절과 통치에 관한 자신의 생각을 다른 경쟁하는 두 모형과 구별한다. 그 당시 매우 널리 검토되던 모형이 바로 사회진화론과 인종위생학이었다. 골트샤이트가 보기에 이들 모형은 최적화를 달성하는 데 적합하지 않았다. 사회진화론의 해법이나 인종위생학의 실험은 "인적 요소"[19]를 결코 경제적으로 운용하지 못한다. 정치적으로 사회민주당과 제휴했던 골트샤이트는 자연선택이나 사회선택보다는 생활 조건의 개선, 교육의 증진, 질병 원인의 억제를 보다 선호했다. 이런 노력의 목표는 총체적인 "인간 역량"의 확장이었다. 그는 "경제적 영역에서 발견될 수 있는" 것은 인간적 층위에서도 반복해서 발견된다고 주장한다.

17 Rudolf Goldscheid, *Höherentwicklung und Menschenökonomie: Grundlegung der Sozialbiologie*, Leipzig: Verlag von Dr. Werner Klinckhardt, 1911.

18 *Ibid.*, S. 499.

19 Goldscheid, *Friedensbewegung und Menschenökonomie*, Berlin: Verlag der "Friedenswarte", 1912, S. 22.

물건이 신중하게 만들어지고 그것의 제조에 필요한 인간 노동의 지출이 늘어날수록 이에 비례해 인간 노동의 역량이 향상되고 내구성도 높아진다. 건강한 고향 땅에서 자라고 튼튼한 아버지 밑에서 성장한 사람이 [그렇지 않은 사람보다] 기량 면에서 탁월하고 그만큼 돈도 많이 번다. 젊은이에 대한 보호와 양육은 적어도 동물 사육에 소요되는 정도만큼은 되어야 한다.[20]

이러한 측면에서 인간의 경제라는 관념은 자본주의를 독특하게 비판한다. 자본주의는 유기체 자본을 착취하는 죄악을 범한다는 것이다. 자본주의는 인간의 욕구 충족에는 관심이 없으며 "유기체의 잉여가치"의 생산에도 관여하지 않기 때문이다. 이와 달리 골트샤이트는 포괄적인 계획경제라는 사회주의적 대안을 환영한다. 이러한 대안이 삶을 합리적으로 계발하기 위한 토대를 확충하려고 시도하기 때문이다. 그는 그러한 대안이 "국가의 인적 요소 전체를 재충전"할 것이라 예측한다.[21] 골트샤이트는 자신을 인본주의자로 여겼고, 인적 요소의 낭비를 고발했다. 그의 비판에서 인간의 생명은 경제적 자본으로 인식되었고, 따라서 신중히 관리되고 자본의 과도한 착취에서 보호되어야 했다.

골트샤이트의 생각은 사회가 진보하고 인류가 역사적으로 발전한다는 낙관적 신념에 근거를 두었다. 사회 진보와 역사 발전을 달성하려

---

20 Goldscheid, *Höherentwicklung und Menschenökonomie*, S. 495.
21 *Ibid.*, S. 577.

면 개인적이고 집단적인 생활 조건이 개선되어야 했다. 그러나 인간을 경제적 상품으로 간주함으로써 그의 신념은 바람과 달리 비용-편익 분석으로 이어지기도 했다. 예를 들어 그의 저술에서 발견되는 연대의 경제는 곧바로 사람에 대한 비용과 편익을 계산하는, 즉 지출과 잠재 수익을 냉정하게 따지는 잔인한 선별 논리로 대체되었다. 왜냐하면 연대의 경제에서 사람들은 상대적인 생명 가치에 따라 등급이 매겨졌기 때문이다. 예를 들어 제1차 세계대전이 끝나고 법학자 칼 빈딩[22]은 의사 알프레트 호혜[23]와 함께 "살 가치가 없는 생명을 몰살할 승인"을 요청했다.[24] 이들은 지속적인 돌봄이 필요한 장애인을 죽여도 처벌받지 않아야 한다고 주장했다. 최종적으로 이런 요구는 정신 장애를 앓고 있는 사람들을 제거했던 나치의 잔혹한 '안락사' 프로그램으로 실현되었다.

제2차 세계대전 이후 인적 자본 이론은 명시적으로 언급하진 않았

---

22 [옮긴이] 칼 빈딩(Karl Binding, 1841~1920)은 20세기 전환기 독일의 법학자로 라이프치히 대학 교수를 지냈다. 당시 유력했던 자연과학적 사상과 이것을 기초로 한 형법 이론에 대항해 전통적인 객관주의 형법 이론과 응보형론(應報刑論)을 옹호했다. 알프레트 호혜와 같이 저술한 『살 가치가 없는 생명의 제거』(Die Freigabe der Vernichtung lebens-unwerten Lebens, 1920)에서 그는 안락사 프로그램을 옹호했는데, 자살을 법적으로 보장하면 안락사를 인정하게 되며 정신 질환자를 살해하는 것이 적법해진다고 주장했다. 이들의 주장은 나치의 절멸 정책에 지대한 영향을 미쳤다.

23 [옮긴이] 알프레트 호혜(Alfred Hoche, 1865~1943)는 독일의 정신과 의사로, 우생학과 안락사를 주장해 유명해졌다. 정신 질환에 대한 호혜의 분류는 큰 영향력을 발휘했으며 나치의 절멸 정책에 반영되었다(호혜 자신은 절멸 정책에 반대했다고 주장했다). 그는 빈딩이 제안한 안락사에 관해, 만일 일부 사람을 죽여 다른 사람을 구할 수 있다면 그것은 정당하다고 주장했다. 또한 그는 사회에 도움이 되지 않거나 스스로 살 가치가 없다고 여기는 환자는 죽어야 한다고 봤다.

24 Karl Binding und Alfred Hoche, *Die Freigabe der Vernichtung lebensunwerten Lebens: Ihr Maß und ihre Form*, Leipzig: Felix Meiner Verlag, 1920.

지만 골트샤이트의 생각을 수용했다. 인적 자본 이론을 대표한 인물은 시어도어 W. 슐츠[25]와 게리 S. 베커[26]로, 이들은 "사람에 대한 투자"[27]를 요청하면서——당시에는 사실상 한물 간 잊혀진 사회학자였던——골트샤이트와 입장을 공유했다. 그렇지만 슐츠와 베커는 골트샤이트가 주장한 인간의 경제와 상당히 다른 방식으로 인구의 역량을 향상시키는 방법을 제안한다. 인적 자본 이론은 계획경제의 직접적인 통제와 단호히 결별하고 대신에 자생적인 시장 조절이라는 "보이지 않는 손"이 발휘하는 간접적인 효과를 도입했다. 골트샤이트에 따르면 시장은 '유기체 자본'의 축적이라는 목표를 달성하기에 여전히 불완전하다. 반면에

---

25 [옮긴이] 시어도어 W. 슐츠(Theodore W. Schultz, 1902~1998)는 미국의 경제학자로, 1979년 개발도상국 문제의 고찰을 통한 경제 발전 연구로 윌리엄 아서 루이스와 함께 노벨 경제학상을 수상한 인물이다. 게리 S. 베커와 함께 인적 자본 이론을 정립한 인물로도 유명하다. 주요 저서로는 『교육의 경제적 가치』(*Economic Value of Education*, 1963), 『경제 성장과 농업』(*Economic Growth and Agriculture*, 1968), 『인적 자본론』(*Investment in Human Capital*, 1971), 『인적 투자』(*Investment in People: Economics of Population Quality*, 1981) 등이 있다.

26 [옮긴이] 게리 S. 베커(Gary S. Becker, 1930~2014)는 미국의 경제학자로, 미시경제학의 분석 영역을 폭넓은 인간 행동과 상호작용으로까지 확대한 공로로 1992년 노벨 경제학상을 받았다. 그는 경제 연구에서 미시경제학과 거시경제학의 구분이 타당하지 않으며 오직 인간 행위 분석을 위한 경제 이론만이 존재한다고 주장했다. 주저인 『인적 자본』(*Human Capital*, 1964)에서는 인간을 자본으로 설정하고, 이것의 질을 높이기 위해서는 국가가 교육에 중점을 두어야 한다고 설파했다. 그 밖의 저서로는 『차별의 경제학』(*The Economics of Discrimination*, 1957), 『인간 행위에 대한 경제학적 접근』(*The Economic Approach to Human Behavior*, 1976) 등이 있다.

27 Theodore W. Schultz, *Investing in People: The Economics of Population Quality* (The Royer Lectures, 1980), Berkeley: University of California Press, 1981[이와 유사한 주장을 확인하려면 시어도어 W. 슐츠, 『인간자본론』, 선영규 옮김, 청한문화사, 1984; 『교육의 경제 가치』, 천웅범 옮김, 정민사, 1989를 참조하라].

인적 자본 이론에서 시장은 개인적이고 집단적인 삶의 질을 향상하기 위해 반드시 활용해야 하는 통제 도구로 간주된다. 인적 자본 이론에 관한 고전적 연구가 등장한 지 벌써 수십 년이 지났지만, 이 개념의 영향력은 날로 증가해 미디어와 정치학을 점령하고 일상 대화에도 흡수되었다.

인적 자본 이론의 렌즈로 보면 인간은 경합적인 목표를 달성하기 위해 희소한 자원을 끊임없이 할당하는 합리적 행위자이다. 여기서 모든 활동은 매력적인 대안과 덜 매력적인 대안을 놓고 벌어지는 선택이 된다. 인적 자본 이론은 방법론적 개인주의에 기반하는데, 이에 따르면 개인은 편익을 최대화하고 시장——수요와 공급이 끊임없이 상호작용하는——이 제시한 선택지를 비교 검토하는 존재이다.

베커와 슐츠가 이해하는 인적 자본은 개인이 지닌 능력·숙련·건강뿐 아니라 개인의 외양, 사회적 지위, 위세 같은 특징도 포함한다. 인적 자본은 두 가지 요소로 구성되는데, 하나는 육체적·유전적 자질이고, 다른 하나는 적합한 자극——돌봄과 애정뿐만 아니라 영양 공급, 양육, 교육——에 대한 '투자'의 결과인 역량들의 총합이다. 두 사람은 '인적 자본'을 하나의 희소한 자원으로 볼 수 있으며, 그것을 회복하고 보존하고 축적하려면 투자가 필요하다고 말한다. 이러한 관점에서 결혼과 임신, 이직 여부에 관한 결정은 선택 기회와 선호 구조의 함수로 해석되고 분석될 수 있다. 따라서 남녀는 결혼이 이득이라고 판단하면 결혼을 선택하고, 이혼이 복리를 증진할 것이라 기대하면 이혼 소송을 제기한다. 심지어 아이를 가지고 싶은 욕망도 경제적 계산을 따른다. 자녀는 심리적 즐거움의 원천이지만, 다른 한편 언젠가 돈을 벌어다 주는 미래의 노동으로도 간주된다. 요컨대 임신, 교육, 직업, 결혼 등 모든 욕망에 대해 이런 이론적 관점은 자연적 한계를 의식하지 않고 모든 인간 행위로 자신의 주장을 확장한다. "경제적 접근법"[28]은 모든 사람을 자신을 자율적으로 관리하는 주체로 간주한다. 이들은 자기 자신과 관련해서만 투자 결정을 내리고 잉여가치 생산을 목표로 하는 존재이다. 그런데 여기에는 반갑지 않은 이면이 존재한다. 사회적 경쟁에 참여할 때와 마찬가지로 경쟁에서 도태할 경우에도 그것은 오로지 개인의 책임인 것이다. 흥미롭게도 이 지점에서 이들은 골트샤이트 등이 20세기 초에 제시했던 관념과 갈라진다.

인간의 경제라는 프로그램에서 국가 주권은 유기체의 잉여가치를 축적하려고 노력하는 이상적인 보편적 자본가로 기능했다. 또한 울리히 브뢰클링이 지적하듯이 제1차 세계대전이 끝난 이후에는 국가가 "살 가치가 없는" 생명을 선택하고 합법적으로 죽일 수도 있었다.[29] 제2차 세계대전 이후 출현한 인적 자본 이론은 모든 개인을 그/녀에 대한 자본가이자 주권자로 간주한다. 그/녀는 모든 행동을 할 때 자기 이익을 최대화하려고 하지만, 그뿐 아니라 푸코가 표현한 대로 "살게 만들거나 죽게 내버려 두기" 위해 권력을 행사하기도 한다. 경제적 접근법

---

28 Gary S. Becker, *The Economic Approach to Human Behavior*, Chicago: University of Chicago Press, 1976[이와 유사한 주장을 확인하려면 게리 S. 베커, 『가족경제학』, 생활경제연구모임 옮김, 한터, 1994를 참조하라].

29 Bröckling, "Menschenökonomie, Humankapital", *Mittelweg*, 36(1), S. 20~21.

에서 볼 때 질병과 (때 이른) 죽음은 (잘못된) 투자 결정의 결과로 해석될 수 있다. "(전부는 아니더라도!) 대부분의 죽음은 어느 정도 '자살'이다. 더 많은 자원을 생명 연장에 투자했다면 죽음을 늦출 수 있었을 것이기 때문이다."[30]

2. 생명자본

인간의 경제 개념과 인적 자본 이론이 경제적 합리성의 관점에서 인간을 파악하는 반면에, 최근에 등장한 일단의 정치적 기획은 경제적인 것의 경계와 내용을 재규정할 필요가 있다고 주장해 왔다. 이러한 야심찬 기획은 조만간에 경제가 '생명경제'bioeconomy로 전환될 것이라 예측한다.[31] 2006년 경제개발협력기구OECD는 『2030년 생명경제를 향하여: 정책 어젠다의 설계』를 출간했다. 이 강령적 텍스트에서 '생명경제'는 생물학적 산물과 과정의 잠재적 가치를 활용해 시민과 국가를 위한 새로운 성장과 번영을 창출하는 모든 경제 활동으로 규정된다.[32]

OECD 보고서가 발간된 것과 비슷한 시점에 유럽연합집행위원회

---

30 Becker, *The Economic Approach to Human Behavior*, p.10(강조는 원문).

31 복잡한 영역인 생명경제학과 그것의 다양한 의미는 다소 오래됐지만 다음 글의 참고문헌에 훌륭하게 요약되어 있다. Michael T. Ghiselin, "A Bibliography for Bioeconomics", *Journal of Bioeconomics*, 2(3), 2001. 또한 *Distinktion: Scandinavian Journal of Social Theory*, 14(Special issue: Bioeconomy), 2007 참조.

32 OECD, *The Bioeconomy to 2030: Designing a Policy Agenda*, Paris: OECD, 2006, p.3.

European Commission; EC도 유사한 목표의 계획을 채택했다. EC는 "지식 기반 생명경제"knowledge-based bioeconomy의 잠재성을 강조했는데, 그것의 명목은 지식 기반 생명경제가 유럽의 국제 시장 경쟁력을 향상하는 동시에 환경보호에 기여할 수 있다는 것이었다. 유럽연합과학연구위원회European Commissioner for Science and Research의 야네즈 포토치닉[33]은 이 계획을 다음과 같이 설명했다. "지구의 시민으로서 마땅히 우리는 '어머니 지구'──생명 그 자체──로 돌아가야 한다. 하지만 이와 동시에 우리는 경제 발전도 촉진해야 한다. 문제는 그 방식에 있을 것이다. 경제 발전은 현 세대 삶의 질을 향상시킬 뿐만 아니라 미래 세대를 위해 그것을 유지해야 한다."[34]

EC와 OECD의 프로그램은 둘 다 생명과학 혁신에서 파생하는 새로운 상품과 서비스를 촉진하려고 한다. 따라서 이러한 기획은 경제의 근원적인 재조정보다는 시장의 창출과 조절을 중요시하며, '생명경제'라는 용어가 그러한 의미를 포괄하고 있다. 이렇게 확장된 생명의 의미는 과학 분야에서도 나타나는데, 이 분야는 정치 프로그램과 달리 경제적 관계의 결정적이고 구조적인 변화에 크게 좌우된다.

---

33 [옮긴이] 야네즈 포토치닉(Janez Potočnik, 1958~)은 슬로베니아의 정치인이다. 1993년 류블류나 대학에서 경제학으로 박사 학위를 취득했고, 경제연구소에서 연구원으로 근무했다. 2002~2004년에는 슬로베니아의 유럽부 장관을 역임하기도 했다. 그는 1998~2004년에 슬로베니아의 EU 가입을 위한 협상팀을 이끌었고, 이후 유럽연합 위원으로 과학연구위원회를 맡았다. 2009년 11월에는 유럽연합환경위원회 위원으로 지명되었다.

34 European Commission, *New Perspectives on the Knowledge-Based Bio-economy: Conference Report*, Brussels: European Commission, 2005.

의료인류학자 캐서린 월비[35]는 문학 연구자 로버트 미첼[36]과 함께 『조직 경제: 후기 자본주의에서 혈액, 장기, 세포계』를 펴냈다.[37] 이 책에 의하면 '생명 가치'biovalue나 '조직 경제' 같은 표현은 일반적으로 [문자적인 의미와는 달리] 자본주의 축적의 정치경제를 뜻하지 않는다. 반대로 이들 용어는 선물 교환이라는 상징경제에 관련된다. 한편으로 혈액과 기타 신체 재료는 가난한 제3자를 돕기 위해 사심 없이 기부되는 '선물'로 간주된다. 그러나 다른 한편으로는 생체 재료biomaterial가 점차 이윤을 위해 판매되고 거래될 수 있는 상품으로 간주되고 있다. 이 책은 수많은 사례 연구를 통해 선물 교환과 상품 교환, 사회적 논리와 경제적 논리를 이분법적이고 배타적으로 병치할 때 나타나는 한계를 밝혀낸다. 오늘날 이러한 이항 모델은 신체 재료를 생산하고 유통하고 취득하는 복잡한 체계를 설명하지 못한다.

인류학자 카우시크 순데르 라잔[38]은 『생명자본: 게놈 이후 생명의 구성』에서 생명과학 혁신과 자본주의 변화가 맺고 있는 관계를 훌륭하

---

35 [옮긴이] 캐서린 월비(Catherine Waldby)는 시드니 대학 사회 및 사회정책학과 교수이다. 생명공학과 생체의학에 관한 다양한 연구를 수행하고 있으며, 특히 HIV/AIDS, 의학과 섹슈얼리티, 의학적 재현 방식, 세포주 연구, 인체 조직 경제 등에 관심을 갖고 있다. 대표적인 저작으로 이 책에서 언급하는 『조직 경제』와 『에이즈와 신체정치』(*AIDS and the Body Politics*, 1996) 등이 있다. 최근에는 아래에서 언급하고 있는 멜린다 쿠퍼와 공동 작업을 하고 있다.

36 [옮긴이] 로버트 미첼(Robert Mitchell)은 듀크 대학 영문과 교수이자 게놈학연구소 연구원이다. 생명공학뿐만 아니라 낭만주의 시기 과학과 시의 상관관계, 애덤 스미스의 도덕 감정론 등 다방면에 관심을 갖고 있는 학자이다.

37 Catherine Waldby and Robert Mitchell, *Tissue Economies: Blood, Organs, and Cell Lines in Late Capitalism*, Durham, NC: Duke University Press, 2006.

게 통찰하고 있다.[39] 과학기술학Science and Technology Studies은 '과학' 과 '사회'가 별개의 체계나 영역이 아니며 서로를 구성한다고 보는데, 순데르 라잔은 이러한 관점에서 생명과학 지식과 정치경제 체제가 공 동으로 생산되는 현상을 조사한다. 그는 경험 연구를 통해 생명과학의 출현이 자본주의의 새로운 형태와 단계를 나타낸다고 주장한다.[40] 자본 주의 경제의 전 지구적인 생산·소비 네트워크를 고려하지 않으면 '생 명공학'과 질병에 관한 유전학적 이해 방식을 제대로 파악할 수 없다. 이론적인 관점에서 볼 때 순데르 라잔은 푸코의 생명정치 개념을 맑스 의 정치경제학 비판과 결합해 이 둘을 자신의 인류학적 분석으로 통합 하고 있다.[41] 따라서 생명자본의 구조는 이중적 관점을 통해 조사될 수 있다.

한편으로 '생명공학의 혁신 문화'가 뿌리내리는 데는 어떤 종류의 소 외·착취·박탈이 필요한가? 다른 한편으로 '생명 그 자체'에 관여하는

---

38 [옮긴이] 카우시크 순데르 라잔(Kaushik Sunder Rajan)은 시카고 대학 인류학과 교수이다. 원래 생물학자로 출발했지만 이후 과학기술학으로 박사 학위를 마치고 과학·기술·의학 분야를 연구하고 있다. 그는 생명과학 연구가 점차 기업화되는 현상을 비롯해, 게놈과 같 이 생명과학과 관련된 신기술의 출현과 이로 인한 인식론의 변화에 관심을 기울이고 있다. 또한 미국에서 이 같은 과학기술의 변화가 시장의 부상과 맥을 같이한다는 주장을 펼치고 있다.

39 Kaushik Sunder Rajan, *Biocapital: The Constitution of Postgenomic Life*, Durham, NC: Duke University Press, 2006[『생명자본: 게놈 이후 생명의 구성』, 안수진 옮김, 그린비, 2012].

40 *Ibid.*, p. 3[같은 책, 17쪽].

41 *Ibid.*, pp. 3~15, 78~79[같은 책, 16~33, 126~129쪽].

이런 기술들은 개인적이고 집합적인 주체성과 시민권을 어떻게 형성하고 강제하는가?[42]

순데르 라잔의 책은 미국과 인도에서 실시한 다양한 현장 연구와 관찰, 인터뷰에 기반하고 있으며, 저자는 과학자, 의사, 기업가, 정부 대표를 대상으로 인터뷰를 실시했다. 이 책은 광범위한 이론적 성찰을 구체적인 민족지ethnographic 조사와 결합하고 있다. 이 책에서 다루는 주제가 포괄적이기는 하지만, 경험적 분석은 신약 개발을 중심으로 수행되며, 특히 게놈 연구가 신약 생산을 어떻게 변형했는지 조사한다. 오늘날 제약 연구에서는 이른바 약물유전체학pharmacogenomics이 중심적 위치를 차지하며, 이것의 목적은 환자의 유전적 특성에 기초해 제조되는 약품, 즉 '맞춤약'을 생산하는 것이다.

순데르 라잔은 오늘날 과학적 지식 생산이 자본주의적 가치 생산과 얼마나 긴밀하게 접합되는지를 보여 준다. 제약 연구에서는 상호 침투하는 두 가지 리스크 담론이 존재한다. 하나는 의학적 리스크를 뜻하는데, 그것은 현재와 미래의 환자가 심각한 질병에 노출되어 있다는 말이다. 다른 하나는 최종 상품화까지 요구되는 막대한 연구·개발 비용, 즉 제약 회사가 직면한 금융 리스크를 가리킨다. 순데르 라잔은 제약 산업 분야를 특수한 종류의 자본주의로 묘사하는데, 이는 일종의 투기 자본주의로서 구체적인 상품의 제조보다는 기대와 희망에 바탕을 둔

---

42 Sunder Rajan, *Biocapital*, p. 78[『생명자본』, 127쪽].

다. 즉 제약 산업은 환자들의 희망과 '유기적'으로 결합하는데, 새로운 치료법이 개발될 것이라는 환자들의 기대는 미래의 수익을 노리는 투기risk 자본주의적 열망과 결합한다.

사실 "자본주의의 새로운 얼굴"은 익숙한 얼굴을 지닌다.[43] 순데르 라잔이 뭄바이에 위치한 연구 병원 사례에서 보여 주듯이 '생명자본주의'는 전통적 형태의 착취와 불평등을 재생산하고 또한 갱신한다. 이 병원에서 민간 회사는 서양의 제약 회사를 위한 약물유전체학 연구를 진행하고 있다. 인도는 낮은 노동 비용과 유전적 다양성 때문에 이 같은 연구에 매우 적합한 나라이다. 또 연구가 행해지는 뭄바이 지역은 섬유 산업이 쇠퇴하는 바람에 수많은 사람이 실업 상태로 있거나 가난하게 살고 있는 곳이다. 이들은 푼돈이라도 벌려고 이른바 '자유의지'에 따라 자신을 연구 대상으로 제공한다. 실제로는 선택권이 전혀 없지만 많은 사람이 임상 연구에 참여해 자신의 신체를 생명과학 연구의 실험 활동에 제공한다. 하지만 그들은 이런 연구가 기여했을지도 모르는 새로운 치료법의 혜택에서는 사실상 배제당한다. 순데르 라잔은 글로벌한 연구와 임상 실험이 얼마만큼 지역적인 조건에 의존하고 있는지를 실감 나게 밝혀내며, '생명자본주의'에서 누군가의 생명 연장과 증진이 종종 다른 누군가의 건강 악화와 어떻게 연결되는지, 또 신체 약탈과 어떻게 결합되는지를 설득력 있게 보여 준다.[44]

---

43 *Ibid.*, p. 3[같은 책, 17쪽].
44 *Ibid.*, pp. 93~97[같은 책, 149~155쪽].

마찬가지로 사회학자 멜린다 쿠퍼[45] 역시 자본주의의 재구조화와 생명과학 혁신의 관계를 맑스주의 관점에서 연구한다. 『잉여 생명: 신자유주의 시대의 생명공학과 자본주의』에서 쿠퍼는 1970년대 초 미국에서 출현한 독자적인 생명공학 산업을 추적하고 있다.[46] 당시에는 포드주의 축적 모델이 쇠퇴 일로에 있었다. 포드주의 축적 방식은 대량 생산과 대량 소비의 조율에 기초했으며 제2차 세계대전 이후 안정적인 성장을 보장했다. [1970년대 초반에 발생한] 경제 위기는 점점 더 민감해진 생태 문제를 동반했다. 『성장의 한계』[47]를 비롯한 환경 보고서들은 지구에 자원이 무한정하지 않다고 통보했고, 산업 생산이 기후와 생태계를 재앙적 수준으로 파괴할 수 있다고 경고했다. 쿠퍼에 따르면 '생명경제'라는 비전은 이러한 이중적 위기에 대한 자구책이었다. '생명공학 혁명'은 광범위한 '신자유주의 혁명'의 일환이자 미국 경제를 재구조화하려는 시도의 일부로 간주할 수 있다. "산업 생산이 종말을 고하면서 성장에 대한 생태적 한계와 경제적 한계가 부각되었다. 신자유주의와 생명공학 산업은 미래를 투기적으로 재창출함으로써 이러한

---

45 [옮긴이] 멜린다 쿠퍼(Melinda Cooper)는 호주의 시드니 대학 사회 및 사회정책학과에서 연구하고 있다. 2001년 파리 3대학에서 박사 학위를 받았고 생명공학, 신자유주의, 젠더 연구 등과 관련된 저술과 논문을 발표했다. 주요 저작으로 『잉여 생명』이 있으며, 앞서 언급한 캐서린 월비와 생명경제에 관해 공동으로 작업하고 있다.

46 Melinda Cooper, *Life as Surplus: Biotechnology and Capitalism in the Neoliberal Era*, Seattle: University of Washington Press, 2008.

47 Dennis L. Meadows, Donella Meadows, Erich Zahn and Peter Milling, *The Limits to Growth: A Report for the Club of Rome's Project on the Predicament of Mankind*, New York: Universe Books, 1972[『성장의 한계』, 김병순 옮김, 갈라파고스, 2012].

한계를 돌파하려는 동일한 욕망을 공유한다."[48]

쿠퍼의 책은 이러한 "신자유주의 생명정치"[49]의 다양한 측면과 차원을 탐색한다. 푸코는 『말과 사물』(1966)에서 생물학과 정치경제학이 서로를 구성하고 침투하는 방식을 분석했다. 쿠퍼는 이를 받아들여 생명 과정이 점차 자본 축적의 전략에 얽혀들어가 잉여가치를 생산하는 새로운 원천이 되고 있다는 전제에서 출발한다. 그렇다고 생명 과정이 단순히 착취와 강탈의 새로운 대상으로 변하는 것은 아니다. 오히려 신자유주의적 자본주의 자체가 '생물학적' 형식을 취하고 있다. 신자유주의적 자본주의는 그 어떤 자연적 한계도 극복할 수 있는 생물학적 성장이라는 비전을 통해 '살아간다'.

쿠퍼의 분석은 종종 사변적이지만 시종일관 흥미진진하다. 그녀는 미국의 부채 주도 성장과 엄청난 적자를 외계 생물체에 대한 나사NASA의 우주생물학 연구──다분히 희망조로 언젠가는 지구 생활의 한계를 극복할 것이라 주장하는──와 관련시킨다. 또한 그녀는 한편으로 이론생물학과 진화 및 복잡한 생명 과정에 대한 그것의 응용이 서로의 관념을 어떻게 교환하는지 검토하고, 다른 한편으로는 최근 생기론적 vitalist 관념에 의존하고 있는 무한한 경제성장이라는 신자유주의 담론을 살펴본다. 그녀에 따르면 이론생물학과 신자유주의는 공통적으로 자기 조직화의 잠재력을 강조하고 균형 모델을 비판하며, 발전 과정에

---

48 Cooper, *Life as Surplus*, p. 11.
49 *Ibid.*, p. 13.

서 일어나는 위기를 역동적 혁신과 적응에 필요한 비옥한 토양으로 찬양한다. 역동적인 혁신과 적응이 현존하는 경제적 한계나 자연적 한계를 극복하게 해준다는 것이다. 『잉여 생명』은 겉으로 무관해 보이는 담론과 실천이 서로 연결되고 의존하는 양상을 매우 실감 나게 보여 주며, 그 자체로 하나의 종합을 수행한다. 이 책은 생명정치에 관한 분석이 생명의 정치경제학에 관한 비판과 분리될 수 없음을 드러낸다.[50]

그렇지만 이번 장에서 소개된 연구들은 상당히 예외적인 작업에 속한다. '생명정치'라는 용어를 사용하는 연구를 전반적으로 살펴보면 생명의 정치화와 생명의 경제화가 어떻게 연결되는지 탐색하는 경우는 아직까지 소수에 불과하다.

---

50 현대 생명공학 산업을 분석하면서 맑스와 푸코를 연결하려는 또 다른 시도로는 Eugene Thacker, *The Global Genome: Biotechnology, Politics, and Culture*, Cambridge, MA: MIT Press, 2005 참조.

9장
생명정치 분석학을 전망하며

이 책은 '생명정치'의 역사적 용법과 현대적 용법을 개괄적으로 제시하고 있다. 이를 통해 알 수 있듯 이 용어는 얼핏 모순적으로 보이는 요소들을 결합하고 있다. 전통적으로 정치가 실존적 필요를 넘어서는 상태를 가리킨다면, 생명정치는 성찰적reflexive 차원을 도입한다. 다시 말해 생명정치는 정치의 가장 깊숙한 중심에 신체와 생명을, 즉 통상적으로 정치의 한계로 간주되는 것을 위치시킨다. 이런 시각에서 볼 때 생명정치는 정치에서 배제된 타자를 다시 포함시킨다. 사실대로 말하면, 생명정치가 출현하기 전에는 정치도 생명도 존재하지 않았다. 더 이상 생명은 [언제나] 전제되어 있었지만 좀처럼 인식되지 않았던 정치의 대응물이 아니다. 이제 생명은 구체적 실존의 고유함으로 한정되지 않고 하나의 추상, 즉 과학적 지식, 관리적 관심, 기술적 개선의 대상이 되었다.

그렇다면 정치는 어떤가? 정치 또한 생명정치의 합리성과 테크놀로지를 참작하며 변화해 왔다. 정치는 생명 과정에 의존해 왔다. 정치는 생명 과정을 규제할 수 없을 뿐만 아니라, 자기 조절 역량을 지닌 생명 과정을 준수해야 한다. 그렇지만 정확히 이런 한계 때문에 정치는 다양한 개입·조직 전략을 가공해 왔다. 정치는 권위적으로 명령하는 직접적인 방식도 활용하지만, 마찬가지로 장려하고 지도하고 예방하고 예측하고 도덕화하고 규범화하는 간접적인 메커니즘 역시 배치한다. 정치는 지시하고 금지할 수도 있지만, 마찬가지로 장려하고 솔선하고, 훈육하고 감독하고, 촉진하고 고무할 수도 있다.

이 책의 앞부분에서 설명했던 생명정치에 관한 자연주의 관점과 정치주의 관점으로 되돌아가 보자. 이 두 기본 관점은 생명정치 문제들을 구성하는 일반적인 요소로 간주될 수 있다. 한편으로는 자연이 주어진 운명에서 결정론적으로 벗어날 수 없다는 [자연주의] 사고가 존재하고, 다른 한편으로 그 이면에는 과학과 기술이 점점 더 자연에 침투한다는 [정치주의] 사고가 존재한다.[1] 그러나 두 관점 모두 정치를 [자연이나 과학기술에] 반응하거나 연역되거나 소급되는 것으로 간주하는데, 그 결과 정치의 의미는 협소해진다. 우선 자연주의 해석에 따르면 정치는 자연의 질서를 재생하는 것이며 생명 과정에 따라 미리 정해진 것을 표현하는 일에 불과하다. 다음으로 정치주의 견해에서 정치란 단지 과학적이고 기술적인 과정의 반영에 지나지 않는다. 왜냐하면 정치는 이러한 과학과 기술의 발전에 사회가 적응하는 방식을 조절할 뿐이

---

1 Bruno Latour, *We Have Never Been Modern*, Cambridge, MA: Harvard University Press, 1993[『우리는 결코 근대인이었던 적이 없다』, 홍철기 옮김, 갈무리, 2009] 참조.

기 때문이다.

나는 이와 같이 서로 대립하지만 결국 보완적인 두 기본 입장에 반대한다. 여기서 나는 정치적인 것의 중요성을 진지하게 취급하는 하나의 생명정치 분석학an analytics of biopolitics을 개략적으로 설명할 것이다. 이러한 분석학은 생명과 정치 사이의 인과관계가 아니라 생명과 정치의 작동 양식에 주목하기 때문에 자연주의 관점이나 정치주의 견해와 구별된다. 이러한 분석학은 '왜' 혹은 '무엇 때문에'가 아니라 '어떻게'를 중심으로 조직된다. 이 분석학은 정치를 생명 현상으로 환원하지도 않고 생명 현상을 정치로 환원하지도 않는다. '생명'과 '정치'를 서로 외재하는 독립적인 실체가 아니라 역동적인 관계에 속한 요소들로 간주하기 때문이다.

이러한 생명정치 분석학은 미셸 푸코가 대략적으로 묘사한 이론적 관점에서 출발했지만, 이 책에서 집중적으로 검토한 수많은 수정과 발전을 바탕으로 말하자면 '생명력을 얻는다'. 종합적으로 볼 때 이런 수용 방식들은 푸코의 생명정치 개념을 다양한 방식으로 발전시키고 구체화했다. 이들 수용 방식이 밝혀낸 바에 따르면 첫째, 오늘날 생명정치 과정은 신체와 생명 과정에 관한 보다 확대되고 변화된 지식에 바탕하고 있다. 이를테면 신체는 물리적 기체基體나 해부학적 기계보다는 정보 네트워크로 간주된다. 둘째, 주체화 양식에 관한 검토가 생명정치 메커니즘에 관한 분석을 보완해야 한다. 우리는 이러한 이론적 변화를 통해 생명 과정에 관한 조절이 개인적·집단적 행위자에게 어떤 영향을 미치는지 평가하고, 나아가 그러한 조절이 새로운 정체성을 어떻게 형성하는지 검토할 수 있을 것이다. 간단히 말해 푸코 이후 생명정치 과정에 관한 최근 연구는 지식 생산과 주체화 방식의 중요성에 초점을 맞추어 왔다. 생명정치 분석학은 권력 과정, 지식 실천, 주체화 양식 사이에 형성된 네트워크를 탐색해야 한다. 이에 따라 이러한 연구 관점을 구성하는 세 가지 차원을 구분할 수 있다.[2]

첫째, 생명정치는 '생명'life과 '살아 있는 존재'living being에 관한 체계적인 지식을 요구한다. 지식 체계는 인지적이고 규범적인 지도를 제공하며, 이 지도에 따라 생명정치 영역이 창안되고 개입의 주체와 대상이 규정된다. 지식 체계는 생명이라는 현상을 인식할 수 있고 계산할 수 있게 만들며, 결과적으로 생명 현상이 주조되고 변형될 수 있게 만든다. 그러므로 생명정치 실천의 배경을 구성하는 진리 체제(그리고 그 선택적 성격)를 파악할 필요가 제기된다. 우리는 신체와 생명 과정에 관한 어떤 지식이 사회적으로 타당하게 여겨지는지, 반대로 어떤 대안적 해석이 평가절하되거나 주변화되는지 조사해야 한다. 또한 우리는 이렇게 질문을 던져야 한다. 어떤 과학 전문가와 학문이 생명, 건강, 특정한 인구에 관한 진실을 말할 정당한 권위를 지니고 있는가? 생명 과정은 어떤 어휘를 사용해 묘사되고 측정되고 평가되고 비판받는가? 진리는 어떤 인지적이고 지적인 도구와 기술적 절차를 통해 생산되는가?

---

2 Paul Rabinow and Nikolas Rose, "Biopower Today", *Biosocieties*, 1(2), 2006, pp. 197~198도 참조. 여기서 내가 제시하는 제안은 푸코가 고안한 두 가지 개념, 즉 통치성(gouvernementalité)과 생명정치를 결합하려고 한다. 이는 생명정치를 하나의 '통치술'로 이해하기 위해서이다(Thomas Lemke, *Gouvernementalität und Biopolitik*, Wiesbaden: VS Verlag für Sozialwissenschaften, 2007 참조).

생명 과정에 관한 문제나 목적과 관련해 어떤 규정과 기획이 사회적으로 인정되는가?

둘째, 진리 체제라는 문제가 권력의 문제와 분리될 수 없기 때문에 다음과 같은 질문이 제기될 수 있다. 권력의 전략은 생명에 관한 지식을 어떻게 동원하는가? 그리고 권력 과정은 온갖 지식을 어떻게 생성하고 확산하는가? 이러한 시각은 생명정치 실천이 (재)생산하는 구조적인 불평등, 위계적인 가치, 비대칭을 고려하게 해준다. 이른바 사회적으로 통용되는 가치 있는 삶의 방식은 무엇이고, 반대로 '살 가치조차 없는' 삶의 방식은 무엇인가? 실존적 고통에 관해, 즉 육체적·정신적 고통에 관해 어떤 것들이 정치적·의학적·과학적·사회적으로 이목을 끌고 있는가? 그리고 어떤 것들이 용납될 수 없는 것으로 간주되는가? 어떤 것들이 우선적으로 연구되고 치료를 요하는가? 반면에 등한시되고 무시되는 고통은 무엇인가? 지배 형태, 배제 메커니즘, 인종차별과 성차별 경험은 신체에 어떻게 각인되는가? 그리고 이런 것들이 육체적 외양, 건강 상태, 기대수명의 측면에서 어떻게 신체를 변형하는가? 또한 여기서 제시된 [지식-권력의] 관점에 따라 우리는 생명정치와 관련된 '경제'를 다음과 같이 조사할 수 있다. 그러니까 생명 과정을 개선하고 조절함으로써 (예컨대 금전적 이익, 정치적 영향력, 과학적 명성, 사회적 위세 측면에서) 혜택을 보는 사람이 누구인가? 그리고 이러한 과정은 어떻게 진행되는가? 이런 조치들이 유발하는 빈곤, 질병, 조기 사망 등의 비용이나 고통은 누구에게 전가되는가? 인간과 비인간 생명의 착취 및 상업화 방식은 어떤 형태로 나타나는가?

셋째, 생명정치 분석학은 주체화 양식, 즉 주체가 자신을 다잡기 위해 실천하는 방식도 고려해야 한다. 이러한 양식은 과학·의학·도덕·종교 등의 권위자들에 의해 인도되고 있으며, 사회적으로 수용되는 신체 및 성별 배치에 근거를 둔다. 여기서도 몇 가지 중요한 이슈를 제기하는 복합적인 질문들이 제기될 수 있다. 우선 (개인적이고 집단적인) 삶과 (자기 자신을 비롯한 가족·민족·'인종' 등의) 건강이라는 이름으로 어떻게 사람들이 특정한 방식으로 행동하게 되는가? 또한 (건강 증진, 생명 연장, 높은 삶의 질, 유전자 풀의 개선, 인구 증대와 같은) 규정된 목표의 관점에서 (극단적인 경우에는 그런 목표에 따라 죽음을 무릅쓸 정도로) 사람들이 행동하는 것이 어떻게 가능한가? 사람들은 어떻게 자기 삶을 살 만한 '가치가 있다'거나 '가치가 없다'는 식으로 경험하게 되는가? 어떻게 사람들이 '우등'하거나 '열등'한 인종으로, '강'하거나 '약'한 성性으로, '진화'하거나 '퇴보'하는 민족으로 호명되는가? 주체는 자신의 처신을 위해 생명에 관한 과학적 해석을 어떤 식으로 채택하고 수정하는가? 그리고 주체는 어떻게 자기 자신을 유전자에 의해 조절되는 유기체로, 즉 원칙상 교환 가능한 유기적 기관들로 구성된 합성 신체인 신경생물학적 기계로 인식하는가? 이와 같은 과정이 어째서 [주체에게] 수동적 수용이 아니라 능동적 전유로 간주될 수 있는가?

이 같은 접근이 오늘날 사회를 이해하는 데 얼마만큼 공헌하는가? 그리고 그러한 접근의 "이론적 잉여가치"는 어디에서 발견되는가?[3] [첫번째] **역사적** 관점에서 볼 때, 생명정치 분석학은 지난 몇 세기 동안 '생명'의 중요성이 어떻게 정치에서 점점 더 증대했는지, 따라서 정치의 규정 자체가 어떻게 변화했는지를 설명한다. 조류독감의 복제 클로닝[4]에서 망명 정책에 이르기까지, 의료 공급에서 인구 감소에 대한 보조금 정책에 이르기까지, 오늘날 정치적 논쟁에서 점차 비중이 높아진 것은 개인과 집단의 삶에 관한 문제, 그들의 삶을 증진하고 연장하는 문제, 그들을 온갖 위험과 리스크에서 보호하는 문제이다. 최근까지 복지국가는 국가에 속한 시민의 삶을 보장하는 문제에 집중했다. 하지만 오늘날 국가는 이에 더해 삶의 시작과 끝을 규정하고 규제해야 한다. 따라서 다음과 같은 문제가 첨예해진다. 법적 공동체는 어떤 사람들로 구성되는가? 달리 말해 (배아 세포나 뇌사의 경우에서 알 수 있듯이) 법적 공동체에 아직 소속되지 않은 사람은 누구이며 더 이상 소속되지 않는 사람은 누구인가?

[두번째] **경험적** 측면에서 볼 때, 생명정치 분석학은 일반적으로 행정적·학문적·인지적 경계에 따라 구분되어 있는 영역들을 연결할 수 있다. 자연과학과 사회과학, 육체와 정신, 자연과 문화 사이에 존재하는 범주적 구분은 생명정치적 이슈와 관련해 막다른 골목에 봉착한다. 사회과학의 방법과 모형만으로는 생명과 정치의 상호작용을 다룰 수 없다. 생명정치 문제에 대한 분석은 상이한 지식 영역, 분석 양식, 설명 방식을 넘나드는 학제 간 대화를 요구한다. 마찬가지로 생명정치 문제를

---

3 Didier Fassin, "Biopolitique", Dominique Lecourt éd., *Dictionnaire de la pensée medicale*, Paris: PUF, 2004, pp. 178~179 참조.
4 [옮긴이] 클론(clone)은 특정한 유전자형을 갖는 균일한 개체군이며, 클론을 만드는 과정을 클로닝(cloning)이라고 한다. 보통 클로닝은 유전학적으로 균일한 세포나 개체를 대량으로 만드는 것을 가리킨다.

구성하는 의학적·정치적·사회적·과학적 측면을 서로 분리하는 것도 적절치 않다. 엄밀하게 말해 생명정치 분석학의 도전은 자신을 보다 넓은 맥락의 일부로 제시하는 데 있다. 비록 이러한 맥락이 수없이 분할된 경험적 사실들로 구성되어 있지만, 이러한 분할은 역사적으로 설명될 수 있으며 아마도 언젠가는 극복될 수 있거나 최소한 변화될 수 있을 것이다.

마지막으로 생명정치 분석학은 **비판적** 기능 또한 수행한다. 이러한 분석은 생명정치 현상이 뿌리 깊은 인간학적 충동이나 진화 법칙이나 보편적인 정치적 제약의 산물이 아님을 보여 준다. 대신에 생명정치 현상은 사회적 실천과 정치적 의사 결정에 근거를 두는 것이다. 이런 실천과 결정은 필연적 논리를 따르는 것이 아니라 구체적이면서 우연한 합리성에 의존하며 제도적 선호와 규범적 선택을 통합한다. 생명정치 분석학의 임무는 생명정치에 영향을 미치는 제한과 우연, 요구와 제약을 밝혀내고 명확히 하는 것이다.

여기서 비판적 측면은 현존하는 상태의 거부에 있지 않으며, 오히려 개입과 분석의 양식을 창조하려 시도하는 데 있다. 이러한 시도를 통해 새로운 가능성과 관점을 포착할 수 있고 색다른 관점에서 기존의 가능성과 관점을 검토할 수 있다. 그러므로 여기서 비판이란 부정적이고 파괴적인 것이 아니라 생산적이고 변혁적인 것이다. 과학적 지식의 보편성 주장과 달리 이 같은 비판은 실재에 대한 최종적이고 객관적인 재현을 제공하지 않는다. 정반대로 비판은 자신의 주장을 성찰적으로 평가하며 자기 자신의 특수성·선별성·편파성을 과감히 드러낸다. 권위를 갖춘 지식에 기초하는 대신에 생명정치 분석학은 윤리정치적 지향성, 다시 말해 "우리 자신"에 대한 "에토스" 혹은 "비판적 존재론"을 견지한다.[5] 이러한 비판적 에토스는 다음과 같은 헛된 양자택일을 극복할수 있도록 제3의 길을 개척하게 해준다. 한편에서는 생명정치 현상을 사소한 문제로 치부하고 다른 한편에서는 그것을 지나치게 과장하고 있다. [전자의 입장에서] 생명정치를 탈문제화하는 방식, 예컨대 폴커 게르하르트처럼 생명정치란 수천 년 동안 이어진 농업의 생육 방식이 단순히 연장되고 확대된 것에 불과하다고 주장하는 것은 전혀 터무니 없는 것이다. 또한 조르조 아감벤처럼 아우슈비츠에서 생명정치가 정점을 찍었다는 식으로 이슈를 과장하는 것도 타당하지 않다. 이러한 두 입장이 생명정치에 관한 대립적인 설명을 제공하긴 하지만, 둘 다 경험적인 분석을 제시하기보다는 상당히 규범적인 일반화를 추구하는 경향이 존재한다.

또한 생명정치 분석학의 비판적 에토스는 오늘날 제도와 담론에서 지배적 위치를 점하는 생명윤리를 전복시킨다. 생명윤리는 생명과 정치의 관계를 다루는 공적 토론의 용어를 협소하게 만든다. 왜냐하면

---

5 Michel Foucault, "What Is Enlightenment?", *Ethics: Subjectivity and Truth: Essential Works of Michel Foucault*, Vol. 1, New York: New Press, 1997, p. 319[「계몽이란 무엇인가」, 윤평중, 『푸코와 하버마스를 넘어서: 합리성과 사회 비판』, 교보문고, 1990, 273쪽]. 이러한 비판적 에토스는 "상처받은"(damaged) 삶에 대한 테오도어 W. 아도르노의 분석과 일치하지는 않는다. 하지만 여러 가지 측면에서 유사함을 염두에 둘 필요가 있다. Theodor W. Adorno, *Minima Moralia: Reflections on a Damaged Life*, London: Verso, 2006[『미니마 모랄리아: 상처받은 삶에서 나온 성찰』, 김유동 옮김, 길, 2005] 참조.

대부분의 토론이 윤리적 용어와 가치 논쟁을 통해 진행되기 때문이다.[6] 생명정치 분석학은 복잡한 관계망을 인식할 수 있는 방법을 제공해 주지만, 생명윤리 담론은 생명공학 및 생체의학 혁신이 진행된 역사적 발전과 사회적 맥락을 모호하게 만들며, 결과적으로 의사 결정에 필요한 대안적 선택지를 제한해 버린다. 따라서 생명윤리 담론은 생명 과정의 인식론적·기술적 토대를 설명하지 못할뿐더러 이들 토대가 권력 전략 및 주체화 과정과 결합되는 현상도 해명하지 못한다. 생명윤리가 강조하는 선택이란 추상적 선택에 불과하며, 따라서 특정한 기술적·의학적 옵션이 실제로 선택될 때 그것에 필요한 물질적·지적 자원을 누가 (얼마만큼) 소유하는가라는 문제는 사실상 논외로 취급된다. 또한 생명윤리는 원칙적으로 허용된 옵션을 누군가가 활용하고자 할 때 그들이 마주치는 사회적 제약과 제도적 기대를 대체로 무시한다.

생명윤리의 초점은 무엇을 할 것인가에 있다. 이렇게 질문할 때 [생명에 관한] 문제는 단순히 우리가 처리할 수 있고 결정할 수 있는 선택으로 축소된다. 그런 질문은 정해진 답변을 생산할 뿐이다. 반면 생명정치 분석학은 문제 자체를 생산하려고 한다. 생명정치 분석학은 아직까지 질문되지 않았던 문제에 관심을 가진다. 생명정치 분석학은 생명윤

---

6 Petra Gehring, *Was ist Biomacht?: Vom zweifelhaften Mehrwert des Lebens*, Frankfurt am Main: Campus, 2006, S.8~9; Peter Wehling, "Biomedizische Optimierung des Körpers: Individuelle Chance oder suggestive soziale Norm?", Karl-Siegbert Rehberg Hg., *Die Natur der Gesellschaft: Verhandlungen des 33. Kongresses der Deutschen Gesellschaft für Soziologie in Kassel 2006*, Frankfurt am Main and New York: Campus, 2007 참조.

리 프레임과 이에 동조하는 주장들이 흔히 간과하는 모든 역사적이고 체계적인 상호 관계를 인식하고자 한다. 생명정치 분석학은 질문의 새로운 지평을 열어젖히고 새로운 사유 기회를 제공해 줄 뿐 아니라 견고하게 정립된 정치적·학문적 경계를 넘어선다. 생명정치 분석학은 이른바 문제틀을 구성하는 창조적 과업이다. 그것은 오늘날에 대한 진단을 미래를 향한 준비와 결합하고, 이와 함께 겉으로 보기에는 자연스럽거나 자명한 실천과 사유의 양식을 뒤흔들며, 결과적으로 우리가 다르게 살 수 있도록 인도한다. 따라서 생명정치 분석학은 사변적인 동시에 실험적인 차원을 내포하고 있다. 다시 말해 생명정치 분석학은 존재하고 있는 것을 긍정하는 것이 아니라 다르게 존재할 가능성을 전망한다.

생명정치 분석학을 위한 백가쟁명

미셸 푸코에서 니컬러스 로즈까지
현대 정치의 수수께끼를 밝힌다

1

이 책은 최근 독일 학계에서 각광받고 있는 중견 사회학자 토마스 렘케의 『생명정치 입문』*Biopolitik zur Einführung*, 2007을 한국어로 옮긴 것이다. 2011년에는 이 책의 영어판이 『생명정치: 고급 입문』*Biopolitics: An Advanced Introduction*이라는 제목으로 출간되었는데, 렘케 자신이 「영어판 서문」에서 밝히고 있듯 영어판에서는 기존의 논의를 부분적으로 수정하고 보완했기 때문에 한국어 번역은 영어판을 중심으로 했으며 필요한 경우 독일어판을 부분적으로 참조했다. 국내에는 잘 알려져 있지 않지만 렘케는 유럽 학계뿐만 아니라 영미권에서도 미셸 푸코에 관한 현대적 해석으로 주목받고 있다. 또한 최근에는 단순한 이론적 논쟁에 그치지 않고, 생명 과정life process과 과학기술을 둘러싼 정치적 문제를 중심으로 생체 기술, 유전자 차별, 생명윤리에 관한 경험적 연구에 매진하고 있다.

이 책에서 렘케는 적은 분량에도 불구하고 생명정치를 둘러싼 복잡한 이론적 지형에 대한 명확한 지도를 제시하고 있으며, 종으로는 파시즘에서 현재 시점까지, 횡으로는 유전공학에서 철학 이론까지 '생명'과 '정치'를 동시에 고민한 저자들과 그들의 작업을 압축적으로 횡단하고 있다. 그러므로 『생명정치란 무엇인가』는 아직까지 어느 정도 신비화되어 있는 생명정치라는 개념을 국내에 소개하는 데 적합한 책이라 할 수 있다.

그러나 이 책이 다루고 있는 수많은 사상가에 대한 압축적 논의를 따라가기 위해서는 오늘날 생명 과정과 결부된 문제들이 중요해진 간단한 배경 소개가 필요해 보인다. 렘케 자신이 곳곳에서 밝히고 있듯이 지난 10년 동안 유럽과 북미에서는 생명, 삶, 생生, 생체 등과 같은 표현이 학계의 좁은 테두리를 벗어나 일상적이고 대중적인 용어로 유행했다. 한국에서도 유사한 현상이 확인되고 있는데, 바이오산업, 바이오테크놀로지, 생체 기술, 유전자 검사, 유전자 조작 등과 같이 생명공학 관련 전문용어들이 학문·산업·정책 분야를 넘어 일상어 수준으로 편입되었다.

이런 현상이 나타나는 것은 단순한 언어상의 변화 때문이 아니라 생명 과정 자체가 기술 발전에 힘입어 과거에는 상상할 수 없었던 방식으로 변했기 때문이다. 간단히 말해 생명 과정을 둘러싼 담론과 신기술이 확장되면서 불치병 치료의 전기가 마련되었다는 식의 찬양과 신이 부여한 인간 존재의 근거가 해체되었다는 파국적 비전이 동시에 교차했다. 이처럼 혼란스런 상황에서 체세포 복제나 안락사에 관한 논쟁처럼 생명 과정을 다루는 문제는 단순한 기술적·학문적·산업적 관심을 넘어 (법적 권리에서 윤리적 실천에 이르기까지, 정치적 영역에서 종교적 영역에 이르기까지) 다양한 이슈를 낳았다. 그리하여 생명 과정과 그 파생 효과는 생물학자·자본가·정치인·수혜자를 비롯한 직접적인 이해 당사자뿐 아니라 수많은 이론가와 활동가가 고민하는 문제가 되었다.

뿐만 아니라 생명 과정을 둘러싼 문제는 평범한 사람들이 자연스럽게 받아들이는 일상이 되었다. 성형 공화국이라는 말이 있듯이 신체의 의학적 변용은 특별한 사람이 감행하는 예외적인 도박이 아니라 대입 선물이나 취업 스펙으로 선택할 수 있는 평범한 상품이 되었다. 불임 치료에서 장기 이식, 신약 개발에 이르기까지 생명에 관련된 이슈는 신문지상에 단골로 등장해 이제는 특별할 것 없는 평범한 뉴스가 되었다. 황우석 사태나 광우병 사건에서 보듯이 생명 과정과 결부된 문제는 수많은 사람의 이목을 집중시키는 메가 이벤트로 발전하기도 하며, 사스SARS에서 메르스MERS 등 생명 종種을 교차하는 새로운 전염병은 경기를 후퇴시킬 정도로 대중적 공포를 유발하기도 한다. 그리고 최근에 우리가 경험했듯이 이런 극단적 사건들은 국가의 통치력을 위기 상태로 몰아갈 수 있다.

이 책은 생명 과정과 관련된 현상들이 서로 무관한 단편적 사례들이 아니라 현대 정치의 이면에 존재하는 아포리아aporia라고, 즉 반복적으로 출현하지만 여전히 해결되지 않은 도전적 과제라고 주장하고 있으며, 이런 현대 정치의 경향에 주목한 다양한 이론적 접근들을 생명정치라는 분석틀로 종합하고 있다. 특히 렘케는 생명정치 분석학 analytics of biopolitics이 푸코를 비롯한 몇몇 저자만의 전유물이 아니라 생물학에서 정치학을 거쳐 철학에 이르는, 과학기술에서 행정 프로그램을 거쳐 대안적 사회운동에 이르는 수많은 실천적·이론적 지식이 공유하는 문제 설정으로 간주하며, 이 책에서 다루는 이론가들은 그 중 일부라고 암시하고 있다.

특히 비판적인 지식인들과 활동가들은 생명 과정에 관한 폭넓은 문제들을 체계적으로 다루기 위해 푸코를 비롯한 이른바 후기구조주의 이론가들이 제시한 개념을 받아들이기 시작했다. 그들이 내린 잠정적 결론은 생명 과정과 관련된 문제 설정이 최근에 대두한 새로운 현상이 아니라 길게는 근대와 함께 시작된 것이며 적어도 지난 세기를 수놓은 근본 문제라는 것이다. 또한 '생명정치', '생명권력', '삶정치', '삶권력', '생권력', '생체권력' 등과 같이 생명 과정을 다룰 때 비판적 이론가들이 주로 사용하는 용어에서 보듯이, 생명 과정을 둘러싼 문제는 근대 이후 인간 종을 비롯한 생명의 총체적 역량을 그 내적 논리에 따라 통치하려는 정치적 문제와 분리할 수 없다는 것이 그들의 주장이다.

2

이 책에서 주로 다루고 있는 이런 개념들이 (특히 국내에서) 어떤 경로로 확산되었는지 정확히 묘사하는 것은 어려운 일이지만 적어도 몇 가지 지점은 언급하는 것이 가능해 보인다. 특히 『"사회를 보호해야 한다": 콜레주 드 프랑스 강의 1975~76년』, 『성의 역사』 연작과 같은 미셸 푸코의 후기 작업에서 최초로 도입된 이래 생명정치라는 개념은 마이클 하트와 안토니오 네그리의 『제국』이나 이탈리아 자율주의 정치철학을 매개로 어느 정도 익숙한 개념이 되었다. 또한 전 지구적 테러리즘 국면에서 조르조 아감벤의 『호모 사케르』 연작은 생명정치 개념을 세계적인 히트 상품으로 만들기도 했다. 이와 함께 니컬러스 로즈 등의 영미권 통치성 연구가 조금씩 알려지면서 생명 과정과 관련된 논의들이 보다 풍성해지기 시작했다. 때마침 『안전, 영토, 인구: 콜레주 드 프랑스 강의 1977~78년』을 비롯한 푸코 자신의 강의록이 차례로 국내에 출간되어 우리는 다른 이론가들의 프리즘 없이도 생명정치·생명권력에 대한 폭넓은 문헌에 직접 접근할 수 있게 되었다.

이런 배경이 갖추어졌음에도 불구하고 생명정치를 둘러싼 지형은 알려진 것보다 드러나지 않은 것이 더 많은 상태로 남아 있다. 물론 독자들은 이 책의 마지막 페이지를 덮을 때쯤이면 생명정치와 그 파생 개념들에 대해 분명한 도식을 얻을 수 있을 것이다. 하지만 신비감을 미리 걷어내기 위해 여기서는 생명정치의 복잡한 지형을 보다 효과적으로 탐색하기 위한 몇 가지 방향타를 제공하려고 한다.

첫째, 의미론적 측면에서 '생명'이라는 단어는 중의적인 의미를 띠고 있다. 한편으로 생명은 살아 있는 '목숨', 즉 '죽음'에 반대되는 생물학적 상태를 가리키며, 다른 한편으로는 한 개인이나 집단에 고유한 총체적인 '삶의 방식', 즉 '실존'existence이나 '생활'을 가리킨다. 아감벤이 지적하듯이 고대 그리스에서는 전자를 조에zoé라고 부르고 후자를 비오스bíos라고 불렀으며, 영어 '라이프'life와 독일어 '비탈'vital은 이 두 가지 용법을 어느 정도 융합하고 있다. 이 책에서는 생명을 뜻하는 다양한 용어를 주로 '생명'으로 옮겼고, 생활이라는 의미가 분명할 경우에는 '삶' 혹은 '실존'이라고 옮겼다. 그러나 어떤 용어든 간에 두 가지 의미 계열이 얼마간 중첩되어 있으며, 독자들은 이를 염두에 둘 필요가 있을 것이다.

둘째, 살아 있는 존재living being의 '단위'라는 측면에서 생명은 개체적인 독립적 실체를 뜻할 뿐만 아니라, 위로는 인구와 같은 집합적인 생물학적 종을 가리키고 아래로는 유전자와 분자 수준을 포괄한다(오늘날 살아 있는 존재는 독립적인 실체가 아니라 유전자 정보나 분자 단위의 네트워크에 따른 잠정적인 결합체로 간주된다). 그리고 횡으로는 인간을 비롯한 생물종들을 둘러싼 총체적 환경도 포함한다. 여기서 환경은 비인간 행위자를 포함한 생태계를 거쳐 전 지구적 수준으로 확장되며 잠정적으로는 우주의 영역까지 포괄한다.

셋째, 생명 과정이 정치(적 영역)와 어떤 관계를 형성하는지가 중요할 것이다. 주로 과학기술 영역에서 출발한 논의들은 생물학적 현상이 정치를 규정한다고 주장하며, 반대로 정치와 행정 관리를 강조하는 입장에서는 정치적인 것이 생명을 좌우한다고 간주한다. 아마도 유전공학, 생태주의, 생명윤리 등에 관심이 있는 독자들은 전자의 입장이 익숙할 것이고, 현대 정치의 숨은 모체母體에 관심이 있는 독자들은 그 반대일 것이다. 그러나 렘케가 주장하듯이 생명정치에 관한 수많은 논의는 두 입장 사이에 어느 정도 걸쳐 있으며, 오히려 렘케 자신의 강조점은 정치적인 것과 생물학적인 것이 결합해 변형하는 과정에 놓여 있다.

넷째, 생명정치는 단순히 생명정치라기보다는 생명정치경제학이다. 흔히 생명정치에 관한 설명은 경제적인 것의 층위를 간과하는 경향이 있다. 반대로 푸코는 근대 정치경제학이 인구라는 생명 과정을 통치영역과 결합시키는 지식의 형태로 발전했다고 지적하며, 하트와 네그리 역시 현대 자본주의의 변형이 노동력뿐 아니라 생명력 전체를 동원한다고 주장한다. 또한 생명경제bioeconomy는 건강이라는 대중적 욕망과 최신 금융 기법을 동원해 죽은 사람의 장기와 신체를 거래하고 인간 게놈을 비롯한 다양한 생체 정보를 자본으로 전환하고 있다. 이런 관점에서 보면 생명정치의 명시적인 대상은 '생명'과 '정치'이지만, 그것의 숨어 있는 주제는 '정치경제'라고 할 수 있다. 더 정확히는 생물학적인 것, 정치적인 것, 경제적인 것 사이의 단락短絡과 상호 접합 관계라고 할 수 있을 것이다.

다섯째, 이 책은 푸코의 권력론을 핵심적인 주춧돌로 삼고 있다. 푸코의 역사-논리적인 생산적 권력은 정치적 저항이 불가능한 전적인 지배 상태가 아니라 최소한의 저항이 존재하는 상태를 전제한다. 잘 알려진 대로 그는 권력의 행사 방식을 주권권력, 훈육권력, 생명권력으로 구분한다. 이 세 가지 권력 양식은 역사적인 출현 순서를 갖지만 서로가 서로를 대체하는 선형적인 관계가 아니라 특정한 형세 아래 서로 공존하면서 우세종이 존재하는 결합태적 관계에 있다. 그러나 푸코 자신이 통치 사회로의 이행을 조심스럽게 전망했듯 세 권력 형태는 금지(주권권력)에서 규범화(훈육권력)를 거쳐 통치(생명권력)로 이동하는 경향이 있다고 할 수 있다.

그런데 푸코에게 직간접적으로 영향을 받은 사람들은 세 권력 형태 가운데 특정한 일부를 다른 것보다 강조하는 태도를 보이거나, 역사적 계보학을 취하는 대신 특정한 권력 행사 방식을 몰역사적인 형이상학 수준으로 끌어올리기도 한다. 예를 들어 아감벤은 예외 상태에서 결단할 수 있는 정치적 주권자를 도출하지만, 렘케가 비판하듯 주권권력을 지나치게 특권화한 나머지 푸코가 제안한 권력의 다른 양식을 무시하는 경향이 있다. 그의 권력 모델은 서양의 법적 계보에서 추출한 주권권력의 형상을 초역사적인 패러다임으로 제시하려는 시도인 것이다.

따라서 독자들은 이 책에서 다루고 있는 다양한 이론가들의 주장이 푸코가 제시한 권력 양식들 중에서 무엇을 강조하고 무엇을 무시하는지 주의 깊게 살펴보기 바란다. 물론 렘케 자신은 아감벤과 같은 저자들의 논의가 현실 설명력이 없기 때문에 그 자체로 가치가 없다고 주장하지 않는다. 그가 강조하듯이 오히려 중요한 것은 특정한 이론틀로만 파악하는 것이 불가능할 정도로 생명정치를 둘러싼 문제들이 복잡하다는 사실이다. 그러므로 렘케의 비판은 여러 이론가의 논의를 보다 객관적인 지형에서 상대화함으로써 생명정치를 둘러싼 문제들을 더욱 깊이 고찰하기 위한 것이라고 이해할 수 있을 것이다.

푸코에 따르면 권력의 행사로는 주권-법적인 것, 행정-훈육적인 것, 안전-통치에 의한 것이 존재하는데, 일례로 범죄 영역에서 각각의 목표는 범죄 행위의 징벌, 범죄자의 교정 및 교화, 범죄자를 포함한 사회 전체의 안전에 있다. 1970년대 중반 푸코는 훈육과 안전을 합쳐 '생명권력'이라 폭넓게 정의하고, 전자는 개별 주체의 신체에 가해지는 '해부정치', 후자는 인구라는 집합적 신체에 가해지는 '생명정치'라고 명명한다. 그 이후 생명권력은 해부정치보다는 좁은 의미의 생명정치를 가리키게 되며, 푸코는 그것이 정치경제학이나 사회학 등을 자신의 고유한 지식 형태로 취하고 행정 체계와 복지 체계뿐만 아니라 보험과 통계, 리스크 관리 등을 자신의 고유한 안전장치로 지니게 된다고 설명한다.

다시 범죄 사례를 통해 세 가지 권력 형태를 살펴보자. 첫째, 주권 권력에서 법률은 금지와 처벌에 의해 작동하는데 그것을 어겼을 경우 주로 추방형·신체형·교수형 등 형벌이 부과된다. 그러나 이때 형법 체계의 대상은 범죄자 개인의 인격이 아니라 주로 범죄 행위에 따라 규정된다. 둘째, 이런 처벌과 더불어 훈육권력은 감금이라는 교정 실천을 새롭게 마련하는데, 여기서는 범죄자라는 비정상적 인간이 고유한 대상으로 출현하고 훈육권력은 그들을 노동이나 훈련을 통해 정상화하려고 시도한다. 셋째, 처벌·훈육과 더불어 안전을 위한 범죄 조절이 출현한다. 이제 범죄라는 문제는 개인이 아니라 인구가 내포한 '사회-통계적' 현상으로 간주된다. 그리하여 처벌과 교정은 통계학적인 범죄 발생률에 따라 인구 및 사회 자체의 안전을 위해 평가되고 적용된다.

앞에서 언급했듯이 주권-훈육-통치의 삼각형은 경향적으로 주권에서 통치로 이동하는 경향이 있는데, 신자유주의가 본격화되던 시기 질 들뢰즈는 이런 추세를 가리켜 훈육 사회에서 통제 사회로의 이행이라고 묘사했다. 예를 들어 1980년대 미국에서는 마약 사범에 대한 처벌이 공급자나 중증 중독자가 아니라 가벼운 중독자에 대해 강화되었다. 이는 비용-편익 분석에 따라 단속 효과가 가장 높은 집단을 통계적으로 계산한 결과였다. 그리고 최근에는 범죄자의 인격 자체를 통계적 확률에 따라 계산하는데, 범죄자가 아닌 평범한 사람도 '사이코패스'나 '소시오패스'가 될 수 있는 잠재적 대상자로 간주된다. 만약 우리가 아직 검거되지 않았다면, 이는 다만 우리가 확률적 발생률에 따라, 그리고 단속과 처벌 등에 따른 비용-편익의 관점에서 '사이코패스'로 취급되지 않았기 때문일 뿐이다.

3

이 책에서는 생명정치(혹은 생명권력)를 주로 이론적 측면에서 다루고 있지만, 생명정치를 사유하는 이론적 작업은 학자들이 진공 상태에서 벌이는 추상적인 놀이가 아니라 현실에서 발생하는 정치사회적 문제에 대한 구체적인 고민에서 출발하는 경우가 많다. 이 책에서 언급하듯이 나치의 절멸 정책에서 금연 정책이나 산아 제한에 이르기까지 생명정치 현상은 정치 체제를 불문하고 다양한 정책으로 구현되었으며, 독자들은 렘케가 제시하는 여러 분석틀을 현실에 나타나는 복잡한 현상에 적용해 볼 수 있을 것이다.

특히 생명정치 분석틀은 이른바 신자유주의 체제에 대한 구체적인 진단과 대안을 생산하는 데 효과적일 수 있다. 앞에서 언급했듯이 푸코와 그에게 영향을 받은 통치성 연구자들은 16세기 이후 생명권력이 주요한 권력 형태로 출현했으며, 그것의 주된 대상이자 집합적 주체인 인구가 지닌 고유한 리스크(기아·질병·산업재해 등)를 조절하기 위한 안전장치가 존재한다고 주장했다. 복지국가(혹은 사회국가)라고 알려진 체제는 이런 안전장치의 대표적인 이름이며, 적어도 선진국에서는 지난 세기 중반 복지장치를 바탕으로 질병·노후·재해 등 인구가 내포한 '자연적' 리스크를 집단적으로 통제하는 안전 사회로의 이행이 진행되었다고 간주된다.

그러나 신자유주의로 불리는 자본의 반격 이후 복지국가는 해체되었으며, 리스크는 집단에서 개인으로 혹은 '사회'에서 개별 '공동체'로 이전되었고 공적 영역에서 사적 영역으로 민영화되었다. 그 결과 안전 사회는 탈안전 사회로 이행했다. 예컨대 자본주의에서 경제 영역은 본성상 주기적으로 위기에 처할 수밖에 없지만, 이제 국가는 자본(특히 금융자본)에 권력을 넘겨준 채 시장에서 생기는 리스크를 개인과 가족에게 떠넘긴다. 리스크를 집단적으로 예방해 주던 이름, 즉 '사회'라는 연대의 이념이 사라지고 개인과 가족 중심의 소유자 공동체가 남게 되는 것이다.

나아가 주체성 측면에서는 개인과 가족이 마치 하나의 기업처럼 자신의 행위 방식과 신념 체계를 조정하도록 촉진된다. 이런 기업가형 주체는 장래의 예견된 위험을 현재 시점에 리스크로 계산해 투자 대비 수익을 최적화하는 이윤장치로 간주된다. 이 주체는 취업 시장에서 요구하는 핵심 역량을 갖추기 위해 교육 훈련을 받아 자기 계발에 투자해야 하고, 장래에 양질의 직장에 취업할 것을 기대하면서 현 시점에 등록금을 대출해야 하며, 마찬가지로 주택을 마련하고자 신용 등급과 경제 능력을 감안해 담보 대출을 받아야 한다.

리스크를 개인이 책임지고 그것을 투자 손익의 논리에 따라 관리하는 탈안전 사회에서는 과연 무슨 일이 벌어질 것인가? 즉 이른바 신자유주의 사회에서는 어떤 현상들이 나타날 것인가? 투기적 자본이 주도권을 쥐고, 사회복지가 후퇴하고, 공권력이 과도한 처벌을 남발하고, 권위주의 체제가 부상하고, 소비주의가 번창하는 곳에서, 시민 참여와 민주주의가 후퇴하고 사회적 약자에 대한 공격이 확산되는 사회에서 무슨 일이 일어날 것인가? 이미 많은 사람이 체감하고 있듯이 1%만을 위한 극단적인 양극화가 나타나고, 화폐로 환산될 수 없는 모든 가치를 배격하는 비도덕적 문화가 확산되며, 열악한 사회 안전망 아래 단순히 생존하기 위한 투쟁이 일상화되고 있다. 또한 제도적으로 보장된 정당한 권리조차 박탈당한 수많은 사람이 신경안정제로도 떨쳐 낼 수 없는 불안감에 시달리고 있다.

이런 '헬조선'에서 한 가지 흥미로운 사실은 많은 사람이 국가의 무능력을 지적하면서 정권 교체만 달성한다면——반대로 강력한 권위주의 체제가 회귀한다면——지금과 같은 통치 체제가 바뀔 수 있다고 확신한다는 것이다. 작년의 세월호 참사나 최근의 메르스 사태에서 우리는 이런 반응을 쉽게 확인할 수 있었다. 이런 반응이 탈안전 사회에 대한 진실의 일면을 드러내기는 하지만, 오늘날 우리가 목도하고 있는 국가의 무능력은 특정한 행위자들이 초래한 변수에 그치지 않고 구조적 기능 부전에서 비롯한 상수일 수도 있다. 간단히 말해 다른 집권 세력이 국가를 경영해도 사태가 비슷하게 흘러갔을 공산이 크다는 뜻이다. 많은 사람이 토로했듯이 '바닥이 빠져 버린 느낌'은 이런 구조적 변화에 대한 직감이라고 할 수 있으며, 강한 국가(혹은 착한 국가)를 외치는 대중의 요구는 이런 감각에 대한 징후적 소망이라 할 수 있다.

　신자유주의 시대의 탈안전 사회에 이르러 국가는 자신의 역할을 변화시켰다. 개발주의 시대에 우리가 경험한 병영적인 동원 국가의 역할이나 우리가 이상적으로 꿈꾸는 서양의 복지국가는 신자유주의 이후 자신의 안전장치를 해체한 다음 사회 연대 기능(의료·고용 등)을 시장에 넘기고 공안 기능(경찰·군대 등)을 강화하는 행태로 진화했다. 이런 탈안전 사회에서 국가는 더 이상 사회 구성원의 안전을 보장하는 최종 대부자로 작동하지 않는다. 이제 국가는 구성원의 안전과 관련된 문제에 개입할 능력이 없거나, 그런 능력이 있더라도 자의든 타의든 그렇게 할 의사가 없다. 아직까지 국가의 능력이 존재한다면, 그것은 자본의 주기적 위기와 시장의 불확실성에 노출된 대중의 불안을 내외부의 타자들(여성·이주민·종북·북한 등)에게 투사하는 능력이거나 공권력을 동원해 그들을 억압하는 강제력에 불과하다. 그렇다면 사회라는 이름으로 공동체 전체가 감당하던 재해·질병·실업·노후 등과 같은 리스크는 자신의 최종 대부자를 어디에서 찾는가? 재난과 방역에서 빈곤에 이르기까지 이제 개인과 가족이 감당하는 리스크는 국가가 아니라 대부분 기업에서 최종 대부자를 찾는다.

　더욱이 신자유주의 국가는 대안적인 전망을 가지고 민주주의를 뒷받침하던 시민사회조차 재정적으로 통제함으로써 시민단체를 지배적인 통치 방식으로 호선co-option한다. 이런 단체들은 '사회적' 기업이나 경제를 통해 대안적인 시민을 양성하는 것 같지만, 오늘날 '사회적' 인간이란 심리 상담 등 각종 코칭 기법과 자기 계발 프로그램을 통해 만들어진 자발적인 예속적 주체이자 개별화된 리스크를 자율적으로 관리할 수 있는 기업가형 주체일 가능성이 높다. 한 사회의 지배적 인간형이 이런 형태로 변하면 개인의 영웅적 행위마저 대중적 정서와 달리 리스크에 따른 편익 계산으로 판단될 가능성이 농후하다. 잘 알려져 있듯 세월호 침몰이나 천안함 사건에서 이윤보다 생명을 우선시했던 어부들이나 잠수사들은 산업재해에 대한 보상을 적절하게 받지 못했다. 그들이 규정을 어기고 무리하게 작업했기 때문에 국가와 보험회사가 보상금을 지급하지 않았던 것이다. 이런 사실을 일상적으로 목격하고 자란 사람들은 내면 깊숙이 자기 자신을 투자 수익을 계산하는 기계로 변형해 공적 행위에 대한 자동 감속 장치를 장착하게 될 것이다.

4

그렇다면 이런 상황에서 우리는 무엇을 해야 할 것인가? 집단적 안전과 그것을 확보할 수 있는 장치에 대한 고민 없이 우리는 강한 국가를 재구축할 수 있을까? 시민사회와 대안적 운동이 국가와 자본에 포섭된 상황에서 우리는 지금과 다른 방식으로 통치받을 수 있을까? 이 책과 관련해 우리는 푸코의 논의를 참조해 볼 수 있을 것이다. 말년에 푸코는 파르헤지아parrhesia라는 '진실의 용기'를 강조했는데, 이는 고대 그리스에서 소크라테스가 행했듯이 정치 공동체 안에서 자신의 죽음을 불사하면서까지 두려움 없이 진실을 말하는 실천을 뜻한다. 이런 진실의 용기는 앞에서 언급한 푸코의 생산적 권력론, 즉 특정한 권력 양식은 독재와 같은 완전한 지배 상태가 아니며, 피통치자가 행동할 수 있는 가능성의 장을 연다는 관점과 나란히 존재한다.

지금 우리가 직면하고 있는 현실이 요지부동 상태로 보이더라도, 우리는 냉소를 보내는 식으로 현실에서 후퇴하는 것이 아니라 현재가 내포한 가능성—진실 그 자체—을 드러내고 그것을 용기 있게 발언해야 한다. 이런 행위는 특정한 누군가가 아니라 평범한 사람들이 자신의 위치에서 '이것이 옳다', '이것이 진실이다'라고 선언하는 순간에 가능한 것이다. '너 자신을 알라'고 소크라테스가 말했듯이 이런 행위는 유아론적인 자아 탐색이나 계발이 아니라 타자와 세계에 대한 개방적 인식에서 출발하며, 그 종착지 없는 도착점에서 지금과는 다른 식의 자아와 삶을 창출하는 자기 배려로 이어질 수 있다. 반대로 말해 이런 행위를 실천하기 위해서는 우리 삶을 통치하고 있는 현재의 방식, 혹은 자기 자신을 자발적으로 형성하게 만드는 권력 형태를 분석해야 한다. 이런 측면에서 이 작은 책이 오늘날 우리가 놓여 있는 생명정치라는 맥락을 이해하고 다른 삶을 꿈꾸는 사람들에게 작은 도움이 되길 바란다.

5

나는 『푸코 효과: 통치성에 관한 연구』(이승철 외 옮김, 난장, 2014)를 번역하는 과정에서 통치성과 생명정치에 관한 보다 쉬운 안내서를 찾다가 이 책을 발견했다. 이 책을 번역하게 된 또 다른 동기는 생명정치를 둘러싼 포괄적 지형을 소개함으로써 학술적 지식을 사회적으로 순환시키고 싶었기 때문이다. 이에 대해서는 약간의 보충 설명이 필요할 것 같다. 이론과 실천이 급격히 분리된 지난 20년 동안 학계는 학계대로, 현장은 현장대로 난맥상을 노출하고 있다. 한편으로 미국 중심의 전 지구적 지식장에 포섭된 학계는 교수 후보자를 미국 대학에 위탁 생산하는 실정이다. 이렇게 키워진 검은 머리의 외국인 학자들은 제국에서 배운 주류 이론에 만족한 채 더 이상 비판적 이론에 관심을 기울이지 않는다. 다른 한편으로 현장에서는 '반지성주의'와 결합된 도구주의가 확산되면서 경험적 연구와 실천 없이 전문가로부터 새로운 담론과 대안을 구매하는 경향이 있다. 그 결과 선한 의지를 가지긴 했지만 공부하지 않는 활동가들이 늘어나고 있다. 이론과 실천의 균열, 학계의 편향성, 현장의 역량 저하가 맞물리면서 생명정치과 같은 개념들은 너무 어려운 내용이 되었거나──제도권에서 거의 다루지 않기 때문에──짧은 대중 강연에서 소화될 수밖에 없다. 이런 상황에서 이 책과 같은 안내서는 학계의 논의 지형을 확장할 뿐만 아니라 대중과 활동가들에게도 많은 도움이 될 것이다.

이 책을 번역하는 동안 많은 사람의 도움을 받았다. 번역서에 감사의 말을 나열하는 것은 계면쩍은 일이지만,『푸코 효과』를 같이 번역했던 동료들에게 고마움을 보내고 싶다. 특히 바쁜 유학 생활 중에 렘케의 책을 접하고 추천해 준 이승철 선생과 번역 과정에서 격려를 아끼지 않은 이규원 선생에게 말 없는 우정을 전한다. 또 이 책의 번역 초고를 읽고 토론해 준 정수남 선생과 김남옥 선생, 그리고 선후배들에게 감사를 표하고 싶다. 번역이 늦어져도 출간 안부를 잊지 않았던 '방법론연구모임', '마을연구모임', '자본론읽기모임', '사회이론강좌', '노동문화세미나', '문화사회연구소', '킹콩랩' 등의 길벗들에게도 감사를 전한다. 그들의 재촉이 없었다면 번역이 훨씬 늦어졌을 것이다. 천성이 게으른 옮긴이에게 번역을 맡겨 준 그린비 출판사와 임직원에게 고마움을 전하며, 특히 담당 편집자이자 동료인 김재훈 선생과 노동자들에게 많은 빚을 진 것 같다. 어려운 조건에도 불구하고 진실의 용기를 실천하고 있는 출판계 노동자들에게 심심한 존경을 표하고 싶다. 마지막으로 반+주변부의 척박한 풍토에서 학술적·실천적 앎을 추구하려는 이 책의 독자들에게 무한한 고마움을 전하고 싶다.

2015년 가을
심성보

참고문헌

Adorno, Theodor W., *Minima Moralia: Reflections on a Damaged Life*, London: Verso, 2006[『미니마 모랄리아: 상처받은 삶에서 나온 성찰』, 김유동 옮김, 길, 2005].

Agamben, Giorgio, *Homo Sacer: Sovereign Power and Bare Life*, Stanford, CA: Stanford University Press, 1998[『호모 사케르: 주권권력과 벌거벗은 생명』, 박진우 옮김, 새물결, 2008].

_____, *Remnants of Auschwitz: The Witness and the Archive*, New York: Zone, 1999[『아우슈비츠의 남은 자들: 문서고와 증인』, 정문영 옮김, 새물결, 2012].

_____, *Means without End: Notes on Politics*, Minneapolis: University of Minnesota Press, 2000[『목적 없는 수단: 정치에 관한 11개의 노트』, 김상운·양창렬 옮김, 난장, 2009].

Alford, John R., and John R. Hibbing, "The New Empirical Biopolitics", *Annual Review of Political Science*, 11, 2008.

Anderson, Walter Truett, *To Govern Evolution: Further Adventures of the Political Animal*, Boston: Harcourt Brace Jovanovich, 1987.

Andrews, Lori B., and Dorothy Nelkin, *Body Bazaar: The Market for Human Tissue in the Biotechnological Age*, New York: Crown, 2001[『인체 시장: 생명공학 시대 인체 조직의 상품화를 파헤친다』, 김명진 옮김, 궁리, 2006].

Arendt, Hannah, *The Origins of Totalitarianism*, San Diego, CA: Harcourt, 1968[『전체주의의 기원』, 박미애·이진우 옮김, 한길사, 2006].

Bauman, Zygmunt, *Modernity and Ambivalence*, Cambridge, UK: Polity, 1991.

Becker, Gary S., *The Economic Approach to Human Behavior*, Chicago: University of Chicago Press, 1976.

Binding, Karl, und Alfred Hoche, *Die Freigabe der Vernichtung lebensunwerten Lebens: Ihr Maß und ihre Form*, Leipzig: Felix Meiner Verlag, 1920.

Biologische Zukunft: Zeitschrift für Biopolitik und Eugenik, 14(1/2), 1978.

Blank, Robert H., and Samuel M. Hines Jr., *Biology and Political Science*, New York: Routledge, 2001.

Brandimarte, Renata, Patricia Chiantera-Stutte, Pierangelo Di Vittorio, Ottavio Marzocca, Onofrio Romano, Andrea Russo, Anna Simone eds., *Lessico di biopolitica*, Rome: Manifestolibri, 2006.

Braun, Bruce, "Biopolitics and the Molecularization of Life", *Cultural Geographies*, 14, 2007.

Braun, Kathrin, "Biopolitics and Temporality in Arendt and Foucault", *Time and Society*, 16(1), 2007.

Bröckling, Ulrich, "Menschenökonomie, Humankapital: Zur politischen Ökonomie des 'nackten Lebens'", *Mittelweg*, 36(1), 2003.

Butler, Judith "Merely Cultural", *New Left Review*, 227, 1998.

Caldwell, Lynton K., "Biopolitics: Science, Ethics, and Public Policy", *Yale Review*, 54(1), 1964.

Campbell, Timothy, "Bios, Immunity, Life: The Thought of Roberto Esposito", Roberto Esposito, *Bíos: Biopolitics and Philosophy*, Minneapolis: University of Minnesota Press, 2008.

Cauthen, Kenneth, *Christian Biopolitics: A Credo and Strategy for the Future*, Nashville, TN: Abingdon, 1971.

Clarke, Adele E., Laura Mamo, Jennifer R. Fishman, Janet K. Shim and Jennifer Ruth Fosket, "Biomedicalization: Technoscientific Transformations of Health, Illness, and U.S. Biomedicine", *American Sociological Review*, 68, 2003.

Cooper, Melinda, *Life as Surplus: Biotechnology and Capitalism in the Neoliberal Era*, Seattle: University of Washington Press, 2008.

Dauphinee, Elizabeth, and Christina Masters eds., *The Logics of Biopower and the War on Terror: Living, Dying, Surviving*, New York: Palgrave

Macmillan, 2007.

Deleuze, Gilles, "Postscript on Control Societies", *Negotiations, 1972~1990*, New York: Columbia University Press, 1995[「추신: 통제 사회에 대하여」, 『대담: 1972~1990』, 김종호 옮김, 솔, 1993].

Deuber-Mankowsky, Astrid, "Homo Sacer, das bloße Leben und das Lager: Anmerkungen zu einem erneuten Versuch einer Kritik der Gewalt", *Die Philosophin*, 25, 2002.

Diacritics, 36(2)(Special issue: Bios, Immunity, Life: The Thought of Roberto Esposito), 2006.

Dillon, Michael, and Luis Lobo-Guerrero, "Biopolitics of Security in the 21st Century: An Introduction", *Review of International Studies*, 34, 2008.

Dillon, Michael, and Julian Reid, "Global Liberal Governance: Biopolitics, Security, and War", *Millennium: Journal of International Studies*, 30(1), 2001.

Distinktion: Scandinavian Journal of Social Theory, 14(Special issue: Bio-economy), 2007.

Esposito, Roberto, *Communitas: Origine e destino della comunità*, Torino: Einaudi, 1998.

———, *Immunitas: Protezione e negazione della vita*, Torino: Einaudi, 2002.

———, *Bíos: Biopolitics and Philosophy*, Minneapolis: University of Minnesota Press, 2008.

European Commission, *New Perspectives on the Knowledge-Based Bio-economy: Conference Report*, Brussels: European Commission, 2005.

Fassin, Didier, "The Biopolitics of Otherness: Undocumented Foreigners and Racial Discrimination in French Public Debate", *Anthropology Today*, 17(1), 2001.

———, "Biopolitique", Dominique Lecourt éd., *Dictionnaire de la pensée medicale*, Paris: PUF, 2004.

———, "Bio-pouvoir ou bio-légitimité?: Splendeurs et misères de la santé public", Marie-Christine Granjon éd., *Penser avec Michel Foucault: Théorie critique et pratiques politiques*, Paris: Karthala, 2005.

———, "La biopolitique n'est pas une politique de la vie", *Sociologie et Societés*,

38(2), 2006.

Fehér, Ferenc, and Agnes Heller, *Biopolitics*, Aldershot, UK: Avebury, 1994.

Fitzpatrick, Peter, "These Mad Abandon'd Times", *Economy & Society*, 30(2), 2001.

Flitner, Michael, and Volker Heins, "Modernity and Life Politics: Conceptualizing the Biodiversity Crisis", *Political Geography*, 21, 2002.

Flohr, Heiner, "Bureaucracy and Its Clients: Exploring a Biosocial Perspective", Elliott White and Joseph Losco eds., *Biology and Bureaucracy*, Lanham, MD: University Press of America, 1986.

Flower, Michael J., and Deborah Heath, "Micro-Anatomo Politics: Mapping the Human Genome Project", *Culture, Medicine and Psychiatry*, 17, 1993.

Forti, Simona, "The Biopolitics of Souls: Racism, Nazism, and Plato", *Political Theory*, 34(1), 2006.

Foucault, Michel, *The Order of Things*, New York: Random House, 1970[『말과 사물』, 이규현 옮김, 민음사, 2012].

_____, *Discipline and Punish: The Birth of the Prison*, New York: Vintage Books, 1977[『감시와 처벌: 감옥의 역사』, 오생근 옮김, 나남출판, 2003].

_____, *The History of Sexuality, Vol. 1: An Introduction*, New York: Vintage Books, 1980[『성의 역사 1권: 지식의 의지』, 이규현 옮김, 나남출판, 2010].

_____, *The History of Sexuality, Vol. 3: The Care of the Self*, New York: Vintage Books, 1988[『성의 역사 3권: 자기에의 배려』, 이영목 옮김, 나남출판, 2004].

_____, *The History of Sexuality, Vol. 2: The Use of Pleasure*, New York: Vintage Books, 1990[『성의 역사 2권: 쾌락의 활용』, 문경자·신은영 옮김, 나남출판, 2004].

_____, "Sex, Power, and the Politics of Identity", *Ethics: Subjectivity and Truth: Essential Works of Michel Foucault*, Vol. 1, New York: New Press, 1997.

_____, "What Is Enlightenment?", *Ethics: Subjectivity and Truth: Essential Works of Michel Foucault*, Vol. 1, New York: New Press, 1997[「계몽이란 무엇인가」, 윤평중, 『푸코와 하버마스를 넘어서: 합리성과 사회 비판』, 교보문고, 1990].

_____, "Interview with Michel Foucault", *Power: Essential Works of Michel Foucault*, Vol. 3, New York: New Press, 2000[『푸코의 맑스: 둣치오 뜨롬바도리와의 대담』, 이승철 옮김, 갈무리, 2004].

_____, "The Birth of Social Medicine", *Power: Essential Works of Michel*

Foucault, Vol. 3, New York: New Press, 2000.

───, "The Subject and Power", *Power: Essential Works of Michel Foucault*, Vol. 3, New York: New Press, 2000[부분 번역: 「주체와 권력」, 미셸 푸코 외, 『미셸 푸코의 권력 이론』, 정일준 옮김, 새물결, 1994].

───, *Society Must Be Defended: Lectures at the Collège de France, 1975~76*, New York: Picador, 2003[『"사회를 보호해야 한다": 콜레주 드 프랑스 강의 1975~76년』, 김상운 옮김, 난장, 2015].

───, *Security, Territory, Population: Lectures at the Collège de France, 1977~78*, New York: Palgrave Macmillan, 2007[『안전, 영토, 인구: 콜레주 드 프랑스 강의 1977~78년』, 오트르망 옮김, 난장, 2011].

───, *The Birth of Biopolitics: Lectures at the Collège de France, 1978~79*, New York: Palgrave Macmillan, 2008[『생명관리정치의 탄생: 콜레주 드 프랑스 강의 1978~79년』, 오트르망 옮김, 난장, 2012].

Franklin, Sarah, and Margaret Lock eds., *Remaking Life and Death: Toward an Anthropology of the Biosciences*, Santa Fe, NM: School of American Research Press, 2003.

Fraser, Nancy, and Axel Honneth, *Redistribution or Recognition?: A Political-Philosophical Exchange*, London: Verso, 2003[『분배냐, 인정이냐?: 정치철학적 논쟁』, 김원식·문성훈 옮김, 사월의책, 2014].

Gehring, Petra, *Was ist Biomacht?: Vom zweifelhaften Mehrwert des Lebens*, Frankfurt am Main: Campus, 2006.

Gerhardt, Volker, *Die angeborene Würde des Menschen: Aufsätze zur Biopolitik*, Berlin: Parerga, 2004.

Ghiselin, Michael T., "A Bibliography for Bioeconomics", *Journal of Bioeconomics*, 2(3), 2001.

Giddens, Anthony, *The Consequences of Modernity*, Cambridge, UK: Polity, 1990[『포스트모더니티』, 이윤희·이현희 옮김, 민영사, 1991].

───, *Modernity and Self-Identity: Self and Society in the Late Modern Age*, Cambridge, UK: Polity, 1991[『현대성과 자아 정체성』, 권기돈 옮김, 새물결, 2001].

Goldscheid, Rudolf, *Höherentwicklung und Menschenökonomie: Grundlegung der Sozialbiologie*, Leipzig: Verlag von Dr. Werner Klinckhardt, 1911.

_____, *Friedensbewegung und Menschenökonomie*, Berlin: Verlag der "Friedenswarte", 1912.

Gunst, Dietrich, *Biopolitik zwischen Macht und Recht*, Mainz: v. Hase und Köhler Verlag, 1978.

Haraway, Donna, *Simians, Cyborgs, and Women: The Reinvention of Nature*, London: Free Association Books, 1991[『유인원, 사이보그 그리고 여자: 자연의 재발명』, 민경숙 옮김, 동문선, 2002].

_____, *Modest_Witness@Second_Millennium. Female-Man©_Meets_Onco-Mouse™*, New York: Routledge, 1997[『겸손한_목격자@제2의_천년. 여성인간ⓒ_앙코마우스TM를_만나다』, 민경숙 옮김, 갈무리, 2007].

Hardt, Michael, and Antonio Negri, *Empire: The New World Order*, Cambridge, MA: Harvard University Press, 2000[『제국』, 윤수종 옮김, 이학사, 2001].

_____, *Multitude: War and Democracy in the Age of Empire*, New York: Penguin, 2004[『다중: 제국이 지배하는 시대의 전쟁과 민주주의』, 서창현·정남영·조정환 옮김, 세종서적, 2008].

Heath, Deborah, Rayna Rapp and Karen-Sue Taussig, "Genetic Citizenship", David Nugent and Joan Vincent eds., *Companion to the Handbook of Political Anthropology*, Oxford, UK: Blackwell, 2004.

Heller, Agnes, "Has Biopolitics Changed the Concept of the Political?: Some Further Thoughts about Biopolitics", Agnes Heller and Sonja Puntscher Riekmann eds., *Biopolitics: The Politics of the Body, Race, and Nature*, Aldershot, UK: Avebury, 1996.

Hertwig, Oscar, *Der Staat als Organismus: Gedanken zur Entwicklung der Menschheit*, Jena: Gustav Fischer Verlag, 1922.

Iacub, Marcela, "Les biotechnologies et le pouvoir sur la vie", Didier Eribon éd., *L'infréquentable Michel Foucault: Renouveaux de la pensée critique*, Paris: EPEL, 2001.

Jessop, Bob, *Nicos Poulantzas: Marxist Theory and Political Strategy*, New York: St. Martin's, 1985[『풀란차스를 읽자』, 안숙영·오덕근 옮김, 백의, 1996].

Kamps, Klaus, and Meredith Watts Hg., *Biopolitics—Politikwissenschaft jenseits des Kulturalismus: Liber Amicorum Heiner Flohr*, Baden-Baden: Nomos, 1998.

Kay, Lily E., *The Molecular Vision of Life: Caltech, the Rockefeller Foundation, and the Rise of the New Biology*, New York: Oxford University Press, 1993.

Kevles, David J., *In the Name of Eugenics: Genetics and the Uses of Human Heredity*, Cambridge, MA: Harvard University Press, 1995.

Kjellén, Johan Rudolf, *Grundriß zu einem System der Politik*, Leipzig: S. Hirzel Verlag, 1920.

_____, *Der Staat als Lebensform*, Berlin: Kurt Vowinckel Verlag, 1924.

Koch, Lene, "The Meaning of Eugenics: Reflections on the Government of Genetic Knowledge in the Past and the Present", *Science in Context*, 17(3), 2004.

Kohl, Louis von, "Biopolitik und Geopolitik als Grundlagen einer Naturwissen-schaft vom Staate", *Zeitschrift für Geopolitik*, 10, 1933.

Latour, Bruno, *We Have Never Been Modern*, Cambridge, MA: Harvard University Press, 1993[『우리는 결코 근대인이었던 적이 없다』, 홍철기 옮김, 갈무리, 2009].

Lau, Jörg, "Biomacht und Kommunismus", *Die Zeit*, 23, 2002.

Lazzarato, Maurizio, "Du biopouvoir à la biopolitique", *Multitudes: Biopolitique et biopouvoir*, 1(1), 2000.

Lemke, Thomas, *Eine Kritik der politischen Vernunft: Foucaults Analyse der modernen Gouvernementalität*, Hamburg: Argument, 1997.

_____, *Gouvernementalität und Biopolitik*, Wiesbaden: VS Verlag für Sozialwissenschaften, 2007.

Lindemann, Gesa, *Die Grenzen des Sozialen: Zur sozio-technischen Konstruktion von Leben und Tod in der Intensivmedizin*, München: Wilhelm Fink, 2002.

Mahieu, Jacques de, *Volk-Nation-Rasse: Grundlagen der Biopolitik*, Riesa: Deutsche Stimme-Verlag, 2003.

Masters, Roger D., "Biology and Politics: Linking Nature and Nurture", *Annual Review of Political Science*, 4, 2001.

Mbembe, Achille, "Necropolitics", *Public Culture*, 15(1), 2003.

Meadows, Dennis L., Donella Meadows, Erich Zahn and Peter Milling, *The Limits to Growth: A Report for the Club of Rome's Project on the*

Predicament of Mankind, New York: Universe Books, 1972[『성장의 한계』, 김병순 옮김, 갈라파고스, 2012].

Memmi, Dominique, *Faire vivre et laisser mourir: Le gouvernement contemporain de la naissance et de la mort*, Paris: La Découverte, 2003.

_____, "Governing through Speech: The New State Administration of Bodies", *Social Research*, 70(2), 2003.

Meyer-Emerick, Nancy, "Public Administration and the Life Sciences: Revisiting Biopolitics", *Administration and Society*, 38(6), 2007.

Mietzsch, Andreas, "Die Zeitschrift für Biopolitik: Ein interdisziplinäres Medien-Projekt", *Zeitschrift für Biopolitik*, 1(1), 2002.

Montag, Warren, "Necro-Economics: Adam Smith and Death in the Life of the Universal", *Radical Philosophy*, 134, 2005.

Multitudes: Biopolitique et biopouvoir, 1(1), 2000.

Nancy, Jean-Luc, "Note sur le terme 'biopolitique'", *La création du monde ou la mondialisation*, Paris: Gallilée, 2002.

Nation Europa, Beiheft: Biopolitik, Coburg, 1965.

Negri, Antonio, *Negri on Negri: In Conversation with Anne Dufourmentelle*, New York: Routledge, 2004[『귀환: 네그리가 말하는 네그리』, 윤수종 옮김, 이학사, 2006].

_____, *Reflections on Empire*, Cambridge, UK: Polity, 2008[『다중과 제국』, 박서현·정남영 옮김, 갈무리, 2011].

Neumann, Franz L., *Behemoth: The Structure and Practice of National Socialism*, London: Victor Gollancz, 1942.

Neumann-Held, Eva M., and Christoph Rehmann-Sutter eds., *Genes in Development: Rereading the Molecular Paradigm*, Durham, NC: Duke University Press, 2006.

OECD, *The Bioeconomy to 2030: Designing a Policy Agenda*, Paris: OECD, 2006.

Oyama, Susan, Paul E. Griffiths and Russell D. Gray, *Cycles of Contingency: Developmental Systems and Evolution*, Cambridge, MA: MIT Press, 2001.

Petryna, Adriana, *Life Exposed: Biological Citizens after Chernobyl*, Princeton, NJ: Princeton University Press, 2002.

Rabeharisoa, Vololona, and Michel Callon, *Le pouvoir des malades: L'association française contre les myopathies et la recherche*, Paris: Les Presses de l'École des Mines, 1999.

Rabinow, Paul, "Artificiality and Enlightenment: From Sociobiology to Biosociality", Jonathan Crary and Sanford Kwinter eds., *Incorporations*, New York: Zone Books, 1992.

_____, *French DNA: Trouble in Purgatory*, Chicago: University of Chicago Press, 1999.

_____, "Afterword: Concept Work", Sahra Gibbon and Carlos Novas eds., *Biosocialities, Genetics, and the Social Sciences: Making Biologies and Identities*, New York: Routledge, 2008.

Rabinow, Paul, and Nikolas Rose, "Biopower Today", *Biosocieties*, 1(2), 2006.

Reid, Julian, *The Biopolitics of the War on Terror: Life Struggles, Liberal Modernity, and the Defence of Logistical Societies*, Manchester: Manchester University Press, 2006.

Reiter, Hans, "Unsere Biopolitik und das Auslandsdeutschtum", *Das Reichsgesundheitsamt 1933~1939: Sechs Jahre nationalsozialistische Führung*, Berlin: Julius Springer Verlag, 1939.

Revel, Judith, "Biopolitique", *Le vocabulaire de Foucault*, Paris: Ellipse, 2002.

Rheinberger, Hans-Jörg, "Beyond Nature and Culture: Modes of Reasoning in the Age of Molecular Biology and Medicine", Margaret Lock, Allan Young and Alberto Cambrosio eds., *Living and Working with the New Medical Technologies*, Cambridge: Cambridge University Press, 2000.

Roberts, Morley, *Bio-politics: An Essay in the Physiology, Pathology and Politics of the Social and Somatic Organism*, London: Dent, 1938.

Rose, Nikolas, "The Politics of Life Itself", *Theory, Culture and Society*, 18(6), 2001.

_____, *The Politics of Life Itself: Biomedicine, Power, and Subjectivity in the Twenty-First Century*, Princeton, NJ: Princeton University Press, 2007.

Rose, Nikolas, and Carlos Novas, "Biological Citizenship", Aihwa Ong and Stephen J. Collier eds., *Global Assemblages: Technology, Politics, and Ethics as Anthropological Problems*, Oxford, UK: Blackwell, 2005.

Rushton, John Philippe, "Race Differences: A Global Perspective", Albert Somit and Steven A. Peterson eds., *Research in Biopolitics*, Stamford, CT: JAI Press, 1998.

Rüstow, Alexander, "Wirtschaftsethische Probleme der sozialen Marktwirtschaft", Patrick M. Boarman Hg., *Der Christ und die soziale Marktwirtschaft*, Stuttgart: Kohlhammer, 1955.

_____, "Vitalpolitikgegen Vermassung", Albert Hunold Hg., *Masse und Demokratie*, Erlenbach-Zürich: Eugen Rentsch Verlag, 1957.

Rutherford, Paul, "The Entry of Life into History", Eric Darier ed., *Discourses of the Environment*, Oxford, UK: Blackwell, 1999.

Saar, Martin, "Michael Hardt/Antonio Negri, Empire(2000)", Manfred Brocker Hg., *Geschichte des politischen Denkens*, Frankfurt am Main: Suhrkamp, 2007.

Saretzki, Thomas, "Biopolitics: Ein erklärungskräftiger Ansatz für die Theorie politischer Institutionen?", Gerhard Göhler, Kurt Lenk und Rainer Schmalz-Bruns Hg., *Die Rationalität politischer Institutionen: Interdisziplinäre Perspektiven*, Baden-Baden: Nomos, 1990.

_____, "Rezension zu Fehér/Heller: Biopolitik", *Politische Vierteljahresschrift*, 37(1), 1996.

Schmitt, Carl, *Der Begriff des Politischen*, München und Leipzig: Duncker & Humblot, 1932[『정치적인 것의 개념』, 김효전·정태호 옮김, 살림, 2012].

Schultz, Theodore W., *Investing in People: The Economics of Population Quality*(The Royer Lectures, 1980), Berkeley: University of California Press, 1981.

Selety, Georg, *Die Politik des Lebens: Ein Grundriss für den Bau der Menschheitsorganisation*, Wien and Leipzig: Anzengruber Verlag, 1918.

Shiva, Vandana, and Ingunn Moser eds., *Biopolitics: A Feminist and Ecological Reader on Biotechnology*, London: Zed Books/Third World Network, 1995.

Somit, Albert, and Steven A. Peterson, "Introduction: Main Currents in Biopolitics", *International Political Science Review*, 8(2), 1987.

_____, *Darwinism, Dominance, and Democracy: The Biological Bases of*

Authoritarianism, Westport, CT: Praeger, 1997.

Stoler, Ann Laura, *Race and the Education of Desire: Foucault's "History of Sexuality" and the Colonial Order of Things*, Durham, NC: Duke University Press, 1995.

Sunder Rajan, Kaushik, *Biocapital: The Constitution of Postgenomic Life*, Durham, NC: Duke University Press, 2006[『생명자본: 게놈 이후 생명의 구성』, 안수진 옮김, 그린비, 2012].

Thacker, Eugene, *The Global Genome: Biotechnology, Politics, and Culture*, Cambridge, MA: MIT Press, 2005.

Thomä, Dieter, "Anmerkungen zur Biopolitik: Zwischen Gentechnologie und 'Kampf der Kulturen'", Theo Steiner Hg., *Genpool: Biopolitik und Körperutopien*, Wien: Passagen, 2002.

Uexküll, Jakob von, *Staatsbiologie(Anatomie-Physiologie-Pathologie des Staates)*, Berlin: Verlag von Gebrüder Paetel, 1920.

van den Daele, Wolfgang, "Soziologische Aufklärung zur Biopolitik", Wolfgang van den Daele Hg., *Biopolitik*, Wiesbaden: VS Verlag für Sozialwissenschaften, 2005.

Vanhanen, Tatu, *The Emergence of Democracy: A Comparative Study of 119 States, 1850~1979*, Helsinki: Finnish Society of Sciences and Letters, 1984.

Verschuer, Otmar von, *Rassenhygiene als Wissenschaft und Staatsaufgabe*, Frankfurt am Main: Bechhold Verlag, 1936.

Virno, Paolo, *A Grammar of the Multitude*, New York: Semiotext(e), 2004[『다중: 현대의 삶 형태에 관한 분석을 위하여』, 김상운 옮김, 갈무리, 2004].

Waldby, Catherine, and Robert Mitchell, *Tissue Economies: Blood, Organs, and Cell Lines in Late Capitalism*, Durham, NC: Duke University Press, 2006.

Wehling, Peter "Biomedizische Optimierung des Körpers: Individuelle Chance oder suggestive soziale Norm?", Karl-Siegbert Rehberg Hg., *Die Natur der Gesellschaft: Verhandlungen des 33. Kongresses der Deutschen Gesellschaft für Soziologie in Kassel 2006*, Frankfurt am Main and New York: Campus, 2007.

Weingart, Peter, Jürgen Kroll und Kurt Bayertz, *Rasse, Blut und Gene: Geschi-*

chte der Eugenik und Rassenhygiene in Deutschland, Frankfurt am Main: Suhrkamp, 1992.

Werber, Niels, "Die Normalisierung des Ausnahmefalls: Giorgio Agamben sieht immer und überall Konzentrationslager", *Merkur*, 56, 2002.

Wiegele, Thomas C., *Biopolitics: Search for a More Human Political Science*, Boulder, CO: Westview, 1979.

Wilson, Edward O., *Consilience: The Unity of Knowledge*, New York: Knopf, 1998[『통섭: 지식의 대통합』, 장대익·최재천 옮김, 사이언스북스, 2005].

Žižek, Slavoj, "Have Michael Hardt and Antonio Negri Rewritten the Communist Manifesto for the Twenty-First Century?", *Rethinking Marxism*, 13(3/4), 2001.

찾아보기